プロフェッショナル・アントレプレナー

FINDING FERTILE GROUND
Identifying Extraordinary Opportunities for New Ventures

成長するビジネスチャンスの探求と事業の創造

スコット・A・シェーン著
Scott A. Shane
スカイライト コンサルティング訳

Wharton
UNIVERSITY of PENNSYLVANIA
ウォートン経営戦略シリーズ

EIJI PRESS

FINDING FERTILE GROUND
Identifying Extraordinary Opportunities
for New Ventures
by
Scott A. Shane

Publishing as Wharton School Publishing
Upper Saddle River, New Jersey 07458
Japanese translation rights arranged with
PEARSON EDUCATION, INC.,
publishing as Wharton School Publishing
through Japan UNI Agency, Inc., Tokyo.

日本語版　監修者のまえがき

新しく事業を立ち上げようとする起業家に必要なものが、三つある。大きな夢と、熱いハートと、クールな頭脳である。大げさに思われるかもしれないが、成功する起業家というのは、この三つのレベルが常人よりも並外れて高いのである。しかも、この三つはバランスがとれていなければならない。夢ばかり語っていては会社を興すことはできないし、熱いハートだけで利益を生むことはできない。

なによりも、事業に失敗して財産を失いたくなかったら、クールな頭脳を研ぎ澄まさなければならない。本書はそのためにある。これは「事業計画書の書き方」「資金調達の方法」といったような実務知識を扱ったものではない。過去の成功者の金言集でもない。「これから新しく立ち上げようとしている**あなた自身の**事業を冷徹に評価し、成功の確率を高めるにはどうすればよいか」を考えるための指針を提供する本である。これによって、世界中の起業家のなかで成功している一握りの人々、「プロフェッショナル・アントレプレナー」と同じくらい厳しく、あなたの事業を見きわめることができる。

本書で紹介されているテクノロジーのS曲線、キャズム、イノベーションのジレンマ、収穫逓増ビジネス、知的財産の保護などは、どれも広く知られているコンセプトばかりである。もちろん、これらに初めて触れる読者にとっては、格好の入門書となるだろう。一方で、多少なりとも知識のある読者にとっては、「知っていることばかりだな」となるかもしれない。

ところが、オリジナルの文献を実際に読んでみると、その多くが同じ視点、すなわち「大企業の経営者が、ベンチャー企業の脅威から自社を守るにはどうすればよいか」という視点から書かれていることに気づく。これは、オリジナルを書いた学者やコンサルタントたちが、大企業の経営者を相手に研究やコンサルティング活動を行ってきた経緯と無縁ではないだろう。

しかし、本書は違う。「起業家が、ゼロからベンチャー企業を立ち上げて市場に参入し、大企業に打ち勝つにはどうすればよいか」という、まったく逆の視点から書かれている。大企業を出し抜き、弱みにつけ込むために、これらのコンセプトを逆手にとるのである。これは、著者のスコット・A・シェーン教授がテクノロジー分野のアントレプレナーシップの専門家であり、ベンチャー企業を相手に活動してきたからこそ実現できたに違いない。

私は、コンサルタントとして新規事業のご支援をさせていただいている。そのなかでも、とりわけ難しいのは「チーム全員がビジネスプランに納得すること」と「よいビジネスプランを描くこと」を両立させることだと感じている。たとえば、メンバーの一人が「積極的にリスクをとるべきだ」と主張する一方で、別のメンバーが「もっと慎重にいくべきだ」と主張すれば、チームの総意としては無難な線に落ち着いてしまうだろう。

しかし、チーム全員が納得したからといって、それがよいビジネスプランである保証はない。たとえば、本書に書かれている通り、成功するためには大きな賭けに出なければならないときもあるのだ。本書に書かれている自己診断に従ってビジネスプランを評価すれば、何がよくて、何が悪いか、どうすればよりよくなるかを、具体的かつ明確に議論することができるだろう。

ここで、本書でいう「テクノロジー」という言葉について補足しておきたい。これは「知識を具体的な形に現す」ということであり、我々が想像するものよりもはるかに広い範囲を指している。

- 新しい製品を生みだす
- 新しい市場を開拓する
- 新しい事業体制を作る
- 新しい素材を採用する
- 新しいプロセスを採用する

この五つのテクノロジー要素を提唱したのは経済学の大家、J・A・シュムペーターである。[1★] 彼は、「イノベーション」を「富」の源泉として位置づけている。つまり、イノベーションがなければ、貨幣と財が循環的に交換されるだけで、経済は成長しない。起業家がリスクを負って資本を集め、五種類の「テクノロジー」要素を新たに結合し「イノベーション」を起こすことによって初めて、新しい付加価値を持った財が生まれ、富が生まれ、経済が発展していく。

1★ 『経済発展の理論——企業者利潤・資本・信用・利子および景気の回転に関する一研究』J. A. シュムペーター著、塩野谷祐一、東畑精一、中山伊知郎 共訳、岩波書店、1977年

「創造的破壊」のプロセスを繰り返しながら発展していく米国経済を見ると、シュムペーターの理論はたしかに現代にもあてはまることがわかる。経済を発展させる原動力になっているのはテクノロジーであり、イノベーションであり、これらを富に変える起業家なのである。

本書によって一人でも多くの起業家が生まれ、クールな頭脳を研ぎ澄ましながら夢を膨らませ、熱いハートで事業を興し、富を創造し、それがひいては経済の発展につながっていくことを願ってやまない。

最後に、本書を訳する機会を作っていただいた英治出版の原田英治社長、出版プロデューサーの秋元麻希氏、高野達成氏、編集協力の和田文夫氏、飯田恒夫氏、装丁の重原隆氏、そしてスカイライト コンサルティングの経営陣と出版プロジェクトを推進してくれた藤竹賢一郎に、この場をお借りして感謝の意を表したい。

二〇〇五年八月　スカイライトコンサルティング株式会社　取締役　矢野 陽一朗

目次

プロフェッショナル・アントレプレナー

第9の鉄則　最適な事業体制をとる

第10の鉄則　リスクと不確実性に対処する

日本の読者の皆様へ

私の著書、「プロフェッショナル・アントレプレナー」[1★]が日本で刊行される運びとなり、大変嬉しく思っている。この本は、テクノロジー企業を創業したいと考えている起業家に向けた、初の完全なフレームワークである。

本書は、長期的な成功を収めるうえで欠かすことのできない要因についてまとめている。ここでは、「市場のチャンスや競合の弱点を見つける」「顧客のニーズを評価する」「顧客の購入パターンや製品の普及を予測する」「事業体制を固め知的財産を守る」「リスクや不確実性に対処する」などについて解説している。また、「ネットワーク外部性」「支配的《ドミナント》デザイン」「技術標準」といった、きわめて重要な概念についても説明している。

本書は、事業を始めようと考えているすべての人にとって価値がある。なぜなら、本書のコンセプトが、国、文化、経済力にかかわらず、あらゆる市場に適用できるからだ。世界中の起業家が、テクノロジー企業を創業し、成功する確率を高めるために、本書を活用していただきたい。

とりわけ、日本の読者にとっては重要だ。残念ながら、日本は成功したテクノロジー起業家を米国ほど多く輩出しているとはいえない。事実、学術研究によれば、日本はベンチャー企業の活動割合が他国に比べて大変低い。しかし、日本には、新しいテクノロジー企業を始めるた

1★　原題：*Finding Fertile Ground – Identifying Extraordinary Opportunities for New Ventures*

めの素晴らしいチャンスが溢れている。多くのテクノロジー分野において、企業、大学、行政法人は、素晴らしいイノベーションを生みだしている。また、日本の市場は、一般消費者向け、法人向けを問わず、新しい製品やサービスを売り出すのに有利な条件を備えている。

もし、あなたが新しいビジネスを始めようと考えているのなら、どのようなビジネスチャンスを追求すべきであるか、理解を深めることができるだろう。

もし、あなたが成功するテクノロジー起業家を目指している大学生なら、本書はあなたをモチベートし、実現するための手段を提供することになるだろう。

もし、あなたがテクノロジー企業の創業を目指している会社員なら、いかにうまく実現するかを学び、今の会社を辞めて独立する自信を高めることができるだろう。

もし、あなたが日本企業の管理職に就いているなら、国内外の新しいテクノロジー企業の挑戦に対して、どう戦っていけばよいかがわかるだろう。

どうか、忌憚のないご意見を私に直接送っていただきたい。[2★] 私は日本の読者の皆さんからの連絡を心待ちにしている。そして、いつの日か日本でお会いできることを楽しみにしている。

感謝をこめて

二〇〇五年八月　スコット・A・シェーン

2★　著者のメールアドレス：Sas46@cwru.edu

はじめに

いま米国は起業の時代に突入し、私たちは起業社会に身を置いている。米国が世界で最も起業数の多い国の一つであることは、各種のデータが示すところだ。新しく設立された企業の年間登録件数は一五〇年前から記録されているが、一九七〇年代半ばから劇的に増加し、いまや頂点に達した。こうした新しい企業の設立に、米国の労働人口のおよそ四%が従事しているという。この数字は年間の婚姻者数や新生児数よりも多いというから驚かされる[1]。また、事業オーナーの総数は、農業労働以外の人口の一三%にまで達している[2]。

米国の経済は、創造的破壊のプロセスによって進展している。毎年、ベンチャー企業が、大手の既存企業を支配的な立場から引きずり落としているのだ。ベンチャー企業の新たなビジネスモデルによって、既存企業の優位性が通用しなくなるからである。フォーチュン500のリストを数十年前から見るといい。多くの企業の名前が入れ替わっているのに驚くだろう。数十年にわたってフォーチュン500のリストに残りつづける企業は、きわめて少ないのだ。

毎年、新たな企業が上場し、集めた資金で、業界のリーダーである既存企業に挑戦している。

[1] P. Reynolds and S. White, *The Entrepreneurial Process: Economic Growth, Men, Women and Minorities* (Westport, CT: Quorum Books, 1997).

[2] B. Hamilton, "Does Entrepreneurship Pay? An Empirical analysis of the Returns to Self-employment." *Journal of Political Economy* 108 no. 3 (2000): 604-31.

これは、米国経済がつねに新たな企業を生みだす体質を持っていることを示している。巨大企業に打ち勝つジャイアントキラーやヒーロー企業、だれもが知っている注目の企業がつねに登場してくる。そして、それを実現した創業者たち。たとえば、アマゾン・ドット・コムのジェフ・ベゾスやマイクロソフトのビル・ゲイツ、デル・コンピュータのマイケル・デル、アップル・コンピュータのスティーブ・ジョブズ、ウォルマートのサム・ウォルトン、イーベイのメグ・ホイットマンなど。

ところが、米国経済が起業志向を強め、成功者たちが賞賛を集めるいっぽうで、起業活動のほとんどが惨めな失敗に終わっている。一獲千金を夢見て宝くじを買ったものの、結局は紙屑になってしまうように、ほとんどの起業家はその努力のかいもなく、事業が破綻して財産を失うことになる。

ベンチャー企業の四〇%は一年も生き残れず、五年以内に六〇%以上が消え、八年後には二五%しか残らない。さらに、創業者のほとんどが、わずかなお金しか手にできない。平均すると、一〇年間事業を継続できた少数のエリート起業家でさえ、以前の勤め先で得ていた収入の六五%しか稼いでいない。これは、自分の会社の株式配当も含めての話である[3]。

成功の確率を劇的に高めるには

成功する一握りの創業者と、失敗する多くの人とは、何が違うのだろう。本書は、成功する

[3] 前掲書→[2]

起業家とそうでない人を分ける決定的な違いを明らかにしている。特に、ハイテク分野で起業しようとしている人、あるいは実際に起業活動をしている人たちは、ぜひ本書をお読みいただきたい。事業を立ち上げるにあたって適切なビジネスモデルを発見し、価値あるビジネスチャンスをものにするために必要な手段を提供しているからだ。

もちろん、本書を読めば、だれもが創業に成功すると言っているわけではない。バスケットボールの選手がジャンプ・ショットの正しいやり方を身につけているからといって、ＮＢＡで年間二〇〇〇万ドルを稼ぐ保証にはならないのと同じことだ。しかし、本書の内容を理解し、ここで述べている「鉄則」に従えば、成功する確率は劇的に高まる。

本書はハイテク分野での起業について述べているが、実はこの分野を選ぶことが起業家として成功するための最初のレッスンなのである。平均すれば、ハイテク分野で起業するほうが、ローテク分野で始めるより、成功するチャンスは大きいのだ。とはいえ、ローテク事業は成功しないと言っているわけではない。そのことは、サム・ウォルトンとウォルマートを見ればすぐにわかる。

しかし、起業家として成功するには、極端な例を避け、確率を計算する必要がある。プロのギャンブラーの多くは、ラスベガスのカジノで必ず勝てるゲームなどないことを承知している。彼らは、勝てる確率が最も高いゲームを選んで、それに賭けているのである。

同様に、プロの起業家の多くは、収益性の高い非公開企業や新規上場企業を生みだす確率が最も高いビジネスチャンスをとらえて活動している。ネットスケープやヘルシオンを創業したジム・クラークのようなプロの起業家や、こうした企業の多くに投資するプロの投資家は、必ずといってよいほどハイテク事業に注目する。それは、この種の会社の成功する確率が最も高いことを知っているからである。

ここ二五年の間で、ある業界で急成長企業としてインク500[1★]に選ばれたり、上場企業になったりするベンチャー企業の割合を決める最も大きな要因は何だろうか。それは、その業界に雇用されている技術者の割合である。また、ベンチャー企業の倒産を予測する一番の材料は何だろうか。それは、その企業が属している業種である。たとえば、きわめて倒産の確率が高いのは、小売業とレストラン業である。プロの起業家や投資家たちは、こうしたことを理解した上で行動しているのである。

新規事業を成功させる確率を上げるには、どの産業で起業すればいいか、はっきりしている。それなのに、ほとんどの起業家は、小売業やレストラン業などのローテク業界で事業を始める。倒産率が最高で、しかも平均利益率が最低であるにもかかわらず。彼らは、誤った業界で起業することによって、はじめから失敗への道を選んでしまう。成功する起業家なら、決してそんなことはしない。

先ほどから、起業家のほとんどが失敗すると言っているように聞こえるかもしれないが、これは教訓として受け止めてほしい。成功するチャンスを最大限に高めたければ、プロの起業家や投資家が有利な業界を選んで参入する例を見習うべきである。成功しない企業家を見習う必要はない。間違った業界を選ぶと、成功には程遠いのである。

1★　米インク誌が毎年発表している、急成長中の非上場企業500社のリスト

「テクノロジー」とはどんな分野か

ここで、私が使っている「テクノロジー」という言葉の定義をしておこう。最近、米国のメディアは、テクノロジーという言葉をインフォメーション・テクノロジー（ＩＴ）の意味で使うことが多い。ＣＮＢＣのテレビ番組やウォールストリート・ジャーナルに登場する「テクノロジー」という言葉は、ふつうＩＴ企業を指している。

本書では、「テクノロジー」という言葉をかなり広い意味でとらえている。テクノロジーとは、「知識を具体的な形に現すこと」だ。たとえば、顧客ニーズを満たすために新しい製品を生みだし、新しい市場を開拓し、新しい事業体制を作り、新しい素材を活用し、新しいプロセスを導入することを指す。

もちろん、コンピュータ分野のＩＴも重要だが、ほかにも重要なテクノロジーは数多くある。新薬の開発、環境汚染の浄化に利用されるバイオテクノロジー、ポンプやバルブの製造に利用される機械工学的なテクノロジー、新しいセラミック複合体のような新素材に関するテクノロジーなどにも重要な価値がある。

「テクノロジー分野における起業」という表現には、インターネットやソフトウェアの会社だけでなく、燃料電池やセラミック複合体、新薬、人口心臓弁、そのほか顧客のニーズを満たすために知識を具体化したさまざまなものを製造する新しい事業も含んでいる。

本書のテーマは、インターネットやソフトウェアの分野だけでなく、知識集約型の産業、すなわちバイオテクノロジーや医療機器、素材、製造部品、その他新しいテクノロジーに依存するあらゆる産業で創業するにあたって、いかに成功するかということである。

本書の特長

本書は、他の起業家向け書籍とは三つの点で大きく異なっている。

特長1……ほとんどの書籍が、成功するために必要な「起業家としての特性」について書いているのに対して、本書は「優れたビジネスチャンスをとらえる」ことに重点を置いている。なぜなら、「起業家としての特性」について語ることには問題が多いからだ。成功する起業家に共通する特性を見つけ出そうと、過去何十年にもわたって学術的な研究がつづけられてきたが、実際にそんなものは存在しなかった。つまり、特別な特性がなくても、だれでも起業家として成功できるのだ。

ビル・ゲイツを例にとってみよう。彼がレストランを開業するようなふつうの起業家より何億倍も成功したのは、何億倍も優れた「起業家としての特性」を持っていたからではない。DOSオペレーティング・システムを開発し、そのテクノロジーの上にマイクロソフトという会社を築くことによって、事業創造のための「すぐれたビジネスチャンス」を作り出したからである。このビジネスチャンスこそ、ふつうの起業家が始める小売業やレストラン業に比べて、はるかに価値があったのだ。

私は、起業家的なものの考え方や才能が役に立たないと言っているのではない。すべての条件が同じなら、起業家的な才能や考え方は、優れた業績を上げるのに役立つ。しかし、実際には、すべての条件が同じということはない。起業家として成功するために最も重要なのは、どのようなビジネスチャンスを追い求めるかである。

起業に関する学術研究によれば、ビジネスチャンスがベンチャー企業の業績に与える影響があまりにも大きいため、起業家の特性の違いなどほとんど意味がない。どんな事業を始めるにせよ、優れた起業家であるに越したことはないが、本当に重要なのは有利な事業を選ぶことである。レストランを開業するより、バイオテクノロジー企業を始めるほうが、成功のチャンスがはるかに大きい。

起業家として成功するか失敗するかの分かれ道が、新しい会社を始めるときの有利なビジネスチャンスの選び方だとすれば、起業に関する書籍は、読者に有利なビジネスチャンスを選ぶ方法を教えるべきであろう。ほとんどの書籍はこれを怠っているが、本書は違う。すなわち、優れた起業家とは何かという議論ではなく、新規事業のための優れたビジネスチャンスとは何かに議論を絞っているのである。

特長2……ほとんどの書籍は、新しい会社を立ち上げるにはどうすればよいかに重点をおいているが、本書は、どのような種類の事業を始めるのがよいかに重点をおいている。

「どのように事業をスタートさせるか」をテーマにした書籍は、「どのように設立登記するか」や「どのように税務申告書を作成するか」という疑問には答えてくれるが、成功する会社をスタートさせる役には立たない。こうしたハウツー書籍の勧めに従っても、決してテクノロジー起業家として成功するチャンスが増えることはない。

ハウツー書籍は、起業家志望の人が本来必要としているニーズを満たしてくれない。ほとんどの人は、どのように事業を始めるかではなく、どんな事業を始めればよいかがわからずに苦労しているのである。必要なのは、将来の成功をもたらすビジネスチャンスを選ぶ方法を教えてくれる書籍であり、本書こそ、新しいビジネスチャンスを見つけ出し、ビジネスモデルを定義する手助けとなるだろう。

適切なビジネスチャンスを慎重に選ぶ方法を習得するために、本書では、成功の鉄則をフレームワークとして提供している。これは、ベンチャー企業の成功要因に関する学術研究に基づいている。このフレームワークにより、ビジネスチャンスを発見し、ビジネスモデルを構築するためにはどのような手段を使えばよいかがわかり、新会社の業績を高めることができる。

たとえば、新製品に対する顧客ニーズを評価する手法、購入者の意志決定や普及のパターンを測る手法、新会社の資金を調達する手法、ベンチャー企業の知的財産を保護する手法などを紹介していく。これらの手法を、難解な学術用語ではなく平易な言葉で記述しているので、ベンチャー企業を成功させる道を学ぶことができる。

特長3……本書は、テクノロジー企業のビジネスモデルをどのように発見するかに重点を置いている。なぜなら、インターネット、公害を低減する化学物質、高温セラミック材料、燃料電池など、テクノロジーを基盤とした事業の成功要因が、テクノロジーを基盤としない事業においては存在しないか、重要性がほとんどないからである。テクノロジーを基盤とした事業には、知的財産、収穫逓増の法則、支配的《ドミナント》デザイン、普及、S曲線などの重要な成功要因がある。

本書は、これらの成功要因にどう対処していけばよいかを示していく。ハイテク分野の起業家にとって、こうした手法を理解し、実際に使ってみることは大いに役立つだろう。ローテク産業のビジネスモデルをハイテク産業に持ち込んだところで、成功の助けにならないばかりか、落とし穴になりかねない。

では、ハイテク分野の起業における成功要因に重点を置くことが、なぜ重要なのか。それは、ハイテク事業が新規事業として最も成功しているという事実を考えれば、当然である。だが既存の書籍のほとんどは、ハイテク事業の特性を考慮することなく、新規事業全般について述べている。その結果、ハイテク事業で成功する秘訣を説いた優れた入門書を手にすることは難しい。この空白を埋めるのが本書の目的である。本書は、ハイテク事業を創業するにあたって、ハイテク事業の特性をいかに把握しておくべきかを明らかにする。

だれがいつ、本書を読むべきか

新しく事業を始めようと考えている人は、本書を読むべきである。理想をいえば、どんな事業を始めるかについて最初の決断を下そうとしているときに、ぜひ読んでいただきたい。この本は、新規事業が育つ肥沃な土地を発見すること、つまりどのようなビジネスチャンスをいかに追求すべきかに主眼をおいているからである。

本書は、あなたのビジネスチャンスの可能性を検証するのに、とても役立つだろう。これから述べる10の鉄則では、「こうしなさい」「こんなことをしてはいけない」というアドバイスや、あなた自身が考えるべき問題を提示している。これらに取り組みながら、あなたの事業アイデアについて、じっくりと考えてほしい。あなたのアイデアは、新規事業を始めるのに本当に有利なものなのか。あなたが足を踏み入れようとしているのは、ベンチャー企業が大きく育つほど肥沃な土地なのか。それとも、どんなに優れた起業家でも苦難の連続を強いられる不毛な土地なのか。

なかには、新規事業のアイデアをいくつか思いついたが、どれを実行すべきか考えあぐねている読者もいることだろう。本書を読めば、最良の選択肢を選ぶことができる。結局、一度に追求ができる事業アイデアは、一つしかない。だからこそ、最も脈がありそうなアイデアを最初に手がけるべきなのだ。

もちろん、本書は、大きな野望を求めていないビジネスマンにも有用だ。ビル・ゲイツのようになろうとか、次世代の目玉事業を打ちたてようとか、会社を上場しようとか、とてつもない大金持ちになろうとか思っていない読者にとっても、本書は十分に役立つものである。

起業を成功させる〈10の鉄則〉

テクノロジー分野で起業家として成功している人は、他の起業家とは異なった行動をとっている。それは、他の人に比べて頭の回転が速いとか、ユニークな発想をするとかではない。彼らは、価値のあるビジネスチャンスをいかに発見するかを知っているのである。本書では、ビジネスモデルを構築する際に起業家が従うべき〈10の鉄則〉を紹介する。各鉄則については、一章ずつを割いて説明している。

一連の鉄則をまとめるにあたっては、学術研究の成果を利用している。私自身が専攻する研究や、ほかの学者の研究に基づき、点在する多種多様な研究論文や学術書を編集し、組み合わせ、平易な言葉に置き換えた。結果として、テクノロジー分野の起業家として成功するために必要な概念はすべて盛り込むことができた。

では、その内容を簡単に見ていこう。

第1の鉄則――有利な産業を選ぶ

テクノロジー分野の起業家が守るべき鉄則の第一は、成長が見込める産業を選び、そこに新しい企業を設立することである。なぜなら、新しい会社を作るのに有利な産業とそうでない産業があるからだ。ここでは、新しく会社を設立するのに有利な産業を見きわめ、その産業が他の産業と比べてベンチャー企業にとってなぜ有利なのかを説明する。

第2の鉄則――価値あるビジネスチャンスを発見する

第2の鉄則は、価値あるビジネスチャンスを発見することである。皮肉なことに、意欲満々の起業家が世界中に溢れているのに、実際にはそれほど多くの新規事業は必要とされていない。既存企業が、すでにほとんどの市場ニーズを満たしているからだ。ここでは、新しいテクノロジー企業のためのビジネスチャンスがなぜ存在するのか、また、こうしたビジネスチャンスを発見できる人とできない人がいるのはなぜかを明らかにする。

第3の鉄則――テクノロジーの進化を制する

第3の鉄則は、テクノロジーの進化を制することである。あるテクノロジーのパラダイムが他へ移行するときに企業をスタートさせれば、成功の確率は高まる。これはテクノロジーのパラダイムの変化が、既存企業の優位性を蝕むからだ。ここでは、テクノロジーの進化を制して成功する方法を明らかにする。

第4の鉄則——本当の市場ニーズを発見し、それを満たす

第4の鉄則は、本当の市場ニーズを発見し、それを満たすことである。顧客のニーズを満たすには、製品やサービスを安い価格で提供するか、競合よりも優れた内容にする必要がある。ここでは、起業家として成功するために、伝統的な市場分析手法であるアンケートやフォーカス・グループなどを超えて、ハイテク製品やサービスに対する顧客のニーズをどのように発見していくべきかについて説明する。

第5の鉄則——購入者の意志決定と、市場の力学を理解する

第5の鉄則は、購入者の意志決定と市場の力学を理解することである。特定の市場セグメントに狙いを定めて、新しい製品やサービスの開発をすることの必要性や、市場を動的に捉えることの必要性について説明する。

第6の鉄則——既存企業の弱みにつけ込む

第6の鉄則は、既存企業の弱みにつけ込むことである。ベンチャー企業との競争で勝つのは、

ほとんどの場合、既存企業である。しかし、既存企業にもハイテク分野におけるビジネスチャンスの追求を妨げるいくつかの弱点があり、ベンチャー企業はそこを突くことができる。ここでは、ハイテクの舞台で既存企業と競争して勝つためには何をすべきかを明らかにする。

第7の鉄則――知的財産を管理する

第7の鉄則は、知的財産を効果的に管理することである。市場ニーズに合った製品やサービスを売り出すことは必要だが、それだけでイノベーションの恩恵を受けることはできない。ここでは、秘密主義に徹するか、特許を取るかについての選択に焦点を絞り、イノベーションの利益を専有するための基本的な考え方に触れる。

第8の鉄則――イノベーションの利益を専有する

第8の鉄則は、模倣に対して障壁を構築することである。ここでは、資源の支配、世評の確立、先行者としての優位性の構築、学習曲線の利用、製造・マーケティング・流通における補完的資産の活用などで、模倣に対する障壁を構築できることを明らかにする。

第9の鉄則――最適な事業体制をとる

第9の鉄則は、最適な事業体制をとることである。ここでは、製品開発、製造、流通など、バリューチェーンのどの部分を所有するのが最も高収益になるのか、またこれをコントロールするには、ライセンスの供与、フランチャイズ制、戦略的提携など、市場原理に基づいた仕組みのどれを利用するのが最も効果的かについて述べる。

第10の鉄則　リスクと不確実性に対処する

第10の鉄則は、リスクと不確実性に対して効果的に対応することである。ここでは、リスクの軽減や分散、それに対応する手段やテクニックについて説明する。また、リアル・オプションやシナリオ分析の活用法に加えて、他者にリスクを負ってもよいと信じ込ませるようなテクニックを紹介する。

本書の結びでは、第1の鉄則で紹介したテーマに立ち返る。すなわち、新しいテクノロジー企業を設立するには、価値あるビジネスチャンスを発見することがいかに重要か、ということである。そのために起業家が取るべき行動について、改めて要約している。これによって、起業家は素晴らしいハイテク企業を設立し、成長へと結びつけていくことができるだろう。

第1の鉄則

有利な産業を選ぶ

起業家というのは、目の前にある障害はすべて乗り越えられると考えてしまうものだ。しかし、テクノロジー起業家として成功するのは、カジノで賭けに勝つよりもはるかに難しい。自分の強みを生かして、手堅く賭ける必要があることは言うまでもない。もちろん、何の知識もない産業などに手を出すなど、もってのほかだ。しかし、なによりも肝に銘じておかなければならないのは、「事業の成否は、どのような産業を選ぶかにかかっている」ということである。

たとえば、化学製造やコンピュータの記憶装置、工作機械、照明といった「創造的破壊」を繰り返している産業では、結果として新規参入がうまくいくことが多い。新しいアイデアで既存企業に挑戦し、製造・組織・流通の古い慣習を破壊すれば、主役に取って代わることができるからだ[1]。一方、有機化学や通信、エレクトロニクスなどの「創造的蓄積」を繰り返している産業では、既存企業が伝統的な生産方法や組織、流通を堅く守っているので、なかなかうまくいかない[2]。

第1の鉄則では、ベンチャー企業に有利な産業にはどのような特性があるのかを明らかにする。まず、ベンチャー企業に有利かどうかが産業間で変化することを示す実証データを紹介する。さらに、その産業の違いについて、「知識特性」「需要特性」「産業のライフサイクル」「産業構造」という異なった観点から検討していこう。

[1] [2] F. Malerba and L. Orsenigo, "Technological Regimes and Sectoral Patterns of Innovative Activities." *Industrial and Corporate Change* 6 (1997): 83-117.

1 実証データに目を向ける

新たにテクノロジー企業を始めようと考えているなら、どの産業がどの程度有利なのか、ぜひデータを調べてみてほしい。私のもとで博士課程を学び、現在はウィスコンシン大学で教職についているジョン・エックハルトは、各産業で成功したベンチャー企業の割合を調べた。一九八二〜二〇〇〇年までの期間についてインク500を調査したところ、非常に大きな差があることがわかった[3]。（表1）

表1　インク500に掲載された各産業における
ベンチャー企業の比率

産業	ベンチャー企業の比率（%）
パルプ	18.2
コンピュータおよび事務機器	4.2
誘導ミサイル、宇宙船、および関連部品	3.3
非鉄金属の圧延および伸線	2.4
鉄道貨車レンタル	2.2
計測および制御機器	2.0
製紙	2.0
探査および航行装置	1.9
通信装置	1.9
薬品	1.8
医療器具およびその補給品	1.8
鞄	1.7
履物（ゴム製を除く）	1.5
証券および商品取引	1.4
ボイラーおよび空調機器	1.2
一般産業機械	1.2
撮影機器およびその補給品	1.1
各種事務用帳票	1.1
家電製品	1.0
産業用電機機器	1.0
法務サービス	0.008
飲食店	0.007
木工および床工事請負	0.006
不動産	0.006
ホテルおよびモーテル	0.005
塗装および壁紙工事請負	0.005
製パン小売	0.005
食料雑貨小売	0.005
中古品小売	0.004
自動車修理	0.004
美容院	0.004
施設介護	0.004
レンタルビデオ	0.004

[3] J. Eckhardt, *Industry Differences in Entrepreneurial Opportunities*, Ph.D. diss., University of Maryland, 2002.

[表1-出典] J. Eckhardt, *When the Weak Acquire Wealth: An Examination of the Distribution of High Growth Startups in the U.S. Economy*. Ph. D. diss., University of Maryland, 2003.

たとえば、新しく設立されたバイオテクノロジー企業がインク５００に掲載される確率は新規開業のレストランより二六五倍も高く、ソフトウェア企業にいたってはホテルに比べて八二三倍も高い。要するに、平均的な起業家によるベンチャー企業が、急成長の非上場企業や新規上場企業に育つ確率は、産業によって大きな差があることを示している。

これは、才能ある起業家のほとんどがバイオテクノロジーのような産業に集中し、ホテルなどの他の産業には行かなかったということではない。「ベンチャー企業に有利な産業と不利な産業が存在する」ことを意味しているのだ。成功のチャンスをつかむなら、両者のあいだで何が違うのかをよく理解しておかなければならない。これには四つの要素が関係している。それは、「知識特性」「需要特性」「産業のライフサイクル」「産業構造」である。

STOP

1 **その産業が、ベンチャー企業にとってどのくらい有利かを調べずに事業を始めてはいけない。**

2 **確率に逆らってはいけない。ベンチャー企業にとって有利でない産業で事業をスタートしてはいけない。**

2 知識特性

ある特定の産業では、基礎となる知識の特徴、すなわち知識特性によって、ベンチャー企業にとって有利かどうかが決まる。なぜなら、知識特性にはベンチャー企業でも容易に扱うことができるものと、既存企業にしかない専門的知識を必要とするものがあるからである。

複雑な製造プロセスが必要か

産業によって製造プロセスの複雑さは異なる。たとえば、紙袋の製造業と航空宇宙産業では、製造プロセスに組み込むべき要素の数、加工に必要な精度、必要となる知識レベルのすべてにおいて、航空宇宙産業のほうがはるかに上回っている。

複雑な製造プロセスが必要な産業は、ベンチャー企業にとってあまり有利ではない。複雑な製造プロセスは、製造にかかわる人々をスムーズに活動させるため、洗練された組織体制を必要とする。既存企業が、このような組織体制を比較的容易に構築することができるのは、現場の分業化が進み、管理者の層が厚く、複雑な業務をこなす手順を備えているからである。さらに、こうしたノウハウは、試行錯誤を繰り返しながら徐々に得られることが多い。残念ながら、ベンチャー企業はこうした知識に乏しい。

製品・サービスの開発に、新しい知識の創造がどれだけ必要か

たとえば、製薬産業の製品・サービス開発は、新しい知識の創造に大きく依存している。製薬業の研究者が基礎研究を怠っていては、新薬を創りだすことはできない。これに対して、ドライクリーニング産業における製品・サービス開発は、基礎研究にあまり依存しない。新しい知識をまったく創造しなくても、ドライクリーニング・サービスを始めることができるのだ。

ベンチャー企業にとって、新しい知識の創造に大きく依存する産業はあまり有利とはいえない。これは、売上高に占める研究開発費の割合から判断できる。ベンチャー企業は基礎研究に投資するだけの資金がないため、その産業が知識集約型であればあるほど不利なのだ。こうした研究開発集約型産業では、より大きなハンディキャップを抱えることになる。

さらに、基礎研究には不確実性がつきまとう。当初意図したものとはまったく異なった業種の製品やサービスを生みだす結果になることもある。大手の既存企業は、範囲の経済性[1★]を生かして投資を回収できるが、小規模なベンチャー企業には難しい。

だからといって、このタイプの産業で新しい会社をスタートしてはいけないということではない。多くのバイオテクノロジー企業の創業者たちが、これをやってのけている。ただ、研究開発集約型産業で成功するのは、一段と難しいということを肝に銘じてほしい。

知識が文書化されているか

1★　economies of scope：共通の事業基盤の上に、複数の製品やサービスを展開することによって、投入資源の節約を可能にすること

ある産業では、新製品やサービスを開発するのに必要な基礎的知識を書物から入手できる。たとえば、コンピュータのネットワーク技術については、おびただしい数の書物や論文がある。ところが、こうした知識が経験を積んだ人の頭のなかにしまい込まれている産業もある。作業を効率的にこなす方法があるのに、その人は文書によって明示的に伝えることができないのだ。たとえば、電子回路の設計は、ごく少数の人にしか知られていない。

ベンチャー企業にとっては、知識が文書化されているほうが有利である。書物に書かれていれば、その業界の仕事に直接携わった経験がなくても知識を手に入れることができる。だが、そうでなければ、自分自身に経験があるか、経験のある人材を雇った起業家にしかその知識は活用できないのだ。知識が文書化された産業であれば、一から経験して学ばなくても、より簡単に先人たちが学んだことを習得できるので、ベンチャー企業でも素早く追いつくことができる。

イノベーションがどこで生まれるか

半導体のような産業では、イノベーションが生まれるのはその産業の内側、すなわちバリューチェーン[2★]の内側である。つまり、企業やその顧客、取引先がほとんどのイノベーションを作り出している。これとは別に、たとえば超伝導産業では、大学などのバリューチェーンの外側の勢力が、バリューチェーンの内側に位置する企業よりもはるかに多くのイノベーションを作り出している。

2★ 企業活動の連鎖構造。産業内で製品やサービスの付加価値が次々と高められ、最終的に顧客に到達する一連の流れ

ベンチャー企業が最も活躍しやすいのは、後者の産業である。大学や公共の研究機関は、企業に比べて貴重な知識が流出することをあまり気にしない。実際、インテルのような企業の経営者は、貴重な知識を組織内に留めておくために従業員に競業避止契約にサインさせたり、研究所への立ち入りを制限したりするなど、厳しい措置を講じている。これとは対照的に、MITのような大学の運営者は、知識が組織外へ移転することを奨励するために、企業に対して研究所内の見学を働きかけたり、業界イベントで論文を配布したりしているのである。

イノベーションに必要な知識をすべて自力で創造することができないベンチャー企業にとっては、公共の研究機関が多くの知識を創造し、その知識がよく流通しているような産業こそ最も活躍しやすい場となるのだ[4]。

企業の付加価値がどこで生まれるか

企業の付加価値が、製造とマーケティングで生みだされているのか、製品開発とイノベーションで生みだされているのかも産業によって異なる。自動車産業では、付加価値の多くは製造とマーケティングから生まれ、製品開発の占める割合は比較的小さい。これに対して、ソフトウェアなどの産業では、付加価値に占める製造とマーケティングの割合は非常に小さい。製造や流通に関する資産を実質的にまったく持たない企業すらあるのだ。

製造とマーケティングが付加価値の大半を占める産業で、ベンチャー企業が成果をあげるのは難しい。こうした産業では、新製品やサービスを開発する際に、製造やマーケティングの

[4] D. Audretsch and Z. Acs, "New Firm Startups, Technology, and Macroeconomic Fluctuations." *Small Business Economics* 6 (1994): 439-49.

資産から得られるイノベーションを必要とすることが多いからだ。既存企業は効率的な製造やマーケティングの方法を考案して、これを反復的な作業に落とし込んでしまう。それに対してベンチャー企業は、こうしたことを習得していないため不利な立場にある。したがって、ベンチャー企業の製造とマーケティングの効率は、概して非常に悪いといえよう。

さらに、自動車工場を新設することを考えればわかるように、製造とマーケティングの資産を取得するには莫大なコストがかかり、アウトソースすることも難しい。製造活動にはカスタマイズされた高価な工作機械など、特別な資産を必要とすることが多いので、アウトソーシングを引き受けてくれる業者を探し出すのは難しい。このため、既存企業は製造とマーケティングの資産を自ら所有することが多い。一方、ベンチャー企業はこれに匹敵する資産をはじめから備えることが困難なので、競争するうえでハンディキャップを背負うことになる。したがって、製造とマーケティングの資産が重要な自動車などの産業では、それほど重要ではないソフトウェアのような産業よりも、ベンチャー企業は苦戦を強いられるのである。

STOP

1 参入を考えている産業の知識特性を無視してはいけない。

2 知識特性がベンチャー企業にとって不利な産業で企業をスタートしてはいけない。

3 需要特性

第二の要素は需要特性と呼ばれるもので、これは顧客の好みの特性を意味する。たとえば、コンピュータを購入する際に、大した用途があるわけでもないのに必要以上に高速のCPUと大容量のメモリが必要だと考える消費者が多いといったことだ。起業家が理解しておくべき需要特性は三つある。製品やサービスに対する顧客需要の大きさ、需要の成長率、そして市場の細分化の度合いである。これら三つは、ベンチャー企業の業績に影響するので、よく理解しておかなければならない。

製品やサービスに対する顧客需要の大きさ

まず顧客需要の大きさは、ベンチャー企業の業績にプラスであり、市場が大きければそれだけ業績もよくなる。たとえば、新設のバイオテクノロジー企業は、希少薬[1★]の開発を狙うより、患者が多い病気の治療薬を開発するほうが好業績を期待できる。

ベンチャー企業が需要を満たすような製品を製造するには、製品開発や製造設備に必ず一定の固定費用を支出しなければならない。したがって製品一個あたりの製造コスト、すなわち平均費用には、固定費用が一定の割合を占める。一方、既存企業は固定費用を支出済みであるた

1★　orphan drugs：患者数が少なくて採算がとれないため、製薬会社に対して米国政府が補助金を出して開発させる医薬品

め、平均費用は変動費用の増加分、すなわち限界費用と同等になる。これはベンチャー企業の平均費用よりずっと少ない。ベンチャー企業の平均費用に占める固定費用の割合は、生産量が大きければ大きいほど下がるので、市場は大きければ大きいほどよい。要するに、ベンチャー企業と既存企業の平均費用の差は、市場が大きければ大きいほど縮まり、ベンチャー企業にとっては有利になるのだ。ベンチャーキャピタリストのほとんどはこの論理を理解しているからこそ、最大の市場を狙っているベンチャー企業に注目している。

需要の成長率

ベンチャー企業は、低成長市場より急成長市場に参入したほうがよい。市場の成長が早ければ早いほど、ベンチャー企業が既存企業から顧客を奪取する必要性が少なくなるからだ[5]。既存企業は顧客を奪われることに対してより敏感に反応するので、激しい競争を仕掛けてくる。ベンチャー企業にとっては、新規顧客の開拓に注力することができる急成長市場で勝負するほうが楽なのである。

市場の細分化の度合い

市場の細分化とは、異なる製品やサービスを求める顧客の集団がどれだけ存在しているかを意味する。ある産業においては、こうした顧客の嗜好の組み合わせが非常に複雑になっている。このような産業は、他の産業よりも市場が細分化されていると表現する。

[5] J. Mata and P. Portugal, "Life Duration of New Firms." *Journal of Industrial Economics* 42 no.3 (1994): 227-43.

非常に細分化された産業の典型例としては、アパレル産業がある。紳士、婦人、子どもむけのファッションがそれぞれ異なるだけでなく、品質や色、その他の好みにも大きな違いがあるのだ。これとは対照的に、浄水装置産業はほとんど細分化されていない。基本的には、誰もがきれいな水を欲しがる。顧客全体を見れば、浄化された水の好みにそれほど違いはないのである。

ベンチャー企業に有利なのは細分化された市場である。ほとんどのベンチャー企業は、創業当初は小規模であり、最初から市場全体を相手にすることはできない。しかし、細分化された市場なら、わずかな生産量で参入し、満たされていないニッチ市場に食い込むチャンスがあるし、それほど激しい競争にさらされることもない。

細分化されていない市場にベンチャー企業が参入してくると、既存企業は頻繁に報復をしかけてくる。それは、ベンチャー企業が既存企業の主力顧客をターゲットにするからだ。これに対して、満たされていないニッチ市場にベンチャー企業が参入しても、既存企業は自分たちの顧客基盤が攻撃されているとは感じないで、参入をゆるす可能性が高い。

たとえば、鉄鋼産業に参入を試みたニューコア[1★]が最初に狙ったのは、鉄鋼産業の利幅が最も少ないセグメントだったため、大手鉄鋼メーカーは同社の参入をゆるした。もしニューコアが最初に最も利幅の大きい市場セグメントへ参入していたら、大手鉄鋼メーカーは報復していたにちがいない。

1★　米国最大の鉄鋼メーカー。1960年代に主力の原子力と電機事業が不振に陥ったため、リストラを断行して鉄鋼業に本格的に参入した。2004年の売上高は113億ドル

STOP

1 小さな市場で事業を始めてはいけない。大きな市場のほうが楽に事業をスタートできる。

2 低成長市場で事業を始めてはいけない。競合企業が敵意をもって迎えるからである。

3 細分化されていない市場で事業を始めてはいけない。既存企業との競争にさらされ、事業が失敗に追い込まれてしまう。

4 産業のライフサイクル

第三の要素は、参入しようとしている産業がライフサイクルのどの段階にあるかである。人間や新製品と同じように、産業も生まれ、成長し、成熟し、衰退する。このライフサイクルがベンチャー企業に影響する。ベンチャー企業にとっては、産業が生まれたばかりか、未成熟で成長しているときは有利だが、成熟あるいは衰退しているときは不利である[6]。これにはいくつかの理由がある。

顧客の増減

まず、新製品やサービスを購入する顧客の数は、時間とともに正規分布の曲線を描いて増減する。第5の鉄則で詳しく説明するが、新しいテクノロジーの製品やサービスを最初から進んで購入しようとする人は少ない。多くの人々は、こうした製品やサービスが世間に知れわたるまでしばらく購入を控える。その反面、購入するのが遅い人も少ない。そういう人たちは、新しい製品やサービス全般にそもそも鈍感なのだ。多くの人々は購入タイミングが早くも遅くもなく、中間付近にまとまって分布している[7]。

購入タイミングが早い人と遅い人の合計は、中間に位置する人の数よりも少ない。このため、

[6] W. Barnett, "The Dynamics of Competitive Intensity." *Administrative Science Quarterly*, 42 (1997): 128-60.

[7] G. Moore, *Crossing the Chasm* (New York: Harper Collins, 1991).
『キャズム』ジェフリー・ムーア著、川又政治訳、翔泳社、2002年

最初は購入する人の数が少ないので市場の成長が遅い。やがて購入する人の数が増えると、市場の成長が加速し、購入する人の数が減れば市場の成長スピードは遅くなる。

ベンチャー企業にとっては、古い市場より新しい市場のほうがよい。需要の伸びが最も高い時期には、簡単に顧客を引きつけることができるからだ。こうした状況では、最も穏やかに既存企業と競争できる。たとえば、携帯電話の市場成長の初期段階では、ベンチャー企業の顧客勧誘は比較的簡単だった。何しろ、需要は二桁の伸びを見せていたので、どの企業にも十分な数の顧客がいたのだ。しかし、市場が成熟し、成長スピードが遅くなると、既存企業が顧客獲得のために激しく争うようになり、ベンチャー企業が顧客を獲得するのは難しくなったのである。

新しい産業では、ベンチャー企業の競争相手は少ない。産業が生まれて間もない時期には、新製品やサービスに対する顧客の需要を満たす企業はまだ存在しない。時間が経つにつれていろいろな企業が参入し、同じ顧客をめぐって競争が生まれ、産業が成熟すると、需要が減退していく。だが、企業の撤退のペースはこれよりも遅いので、競争が非常に熾烈になる。どの企業にとっても需要が減退していくので、既存企業が市場地位を守ろうとして激しい争いを繰り広げるからだ。したがって、ベンチャー企業にとっては古い産業よりも新しい産業で活動するほうが、業績が好調なことが多いのである。

たとえば、パソコン産業では、成熟するにつれて多くの企業が参入して、産業内での競争が熾烈になり、価格は下落し、ベンチャー企業にとってはますます競争が難しくなったのである。

学習曲線との関係

ほとんどの製品やサービスは、学習曲線と関わりがある。学習曲線によって、企業は経験を生かして顧客ニーズを満たす活動を改善することができる。製造、販売、顧客の苦情への対応には実践を通じて得られる学習が必要であって、この点では既存企業が有利である。ベンチャー企業には経験が欠けているので、面と向かえば不利なのだ。経験は長期間の活動を通じて得られるものであり、その不利益は、産業が未成熟なときには非常に小さいが、成熟するにつれて大きくなる。したがって、成熟した産業ほどベンチャー企業は不利になる。

製品のデザインをめぐる競争

多くの産業では、製品のデザインをめぐる競争が初期に起こる。しかし、産業が成熟するにつれて、すべての製品やサービスに共通な支配的《ドミナント》デザイン、または技術標準の採用に向かって進んでいく。たとえば、ボルトとナットは、驚くべきことに、一五〇年前には各社の仕様に互換性がなかった。つまり、異なった会社が異なったデザインで製造していたのである。今日では、共通の標準に則って製造されているので互換性がある。

各産業が一つの支配的デザインや技術標準に収斂しようとする傾向は、ベンチャー企業にとって重要だ。支配的デザインや技術標準の普及前であれば、自社が採用するデザインに制約を受けることはない。しかし、いったん支配的デザインが普及してしまうと、その支配的デザインに合わせなければならない。このように、確立されたデザインに対する経験が豊富な既存企業にくらべると、ベンチャー企業は不利である[8]。

さらに、支配的デザインが現れたあとでは、競争の性格が変わってくる。デザインには標準化に向かう傾向があるため、企業の差別化要因が、デザインそのものから製造プロセスの効率性へと変化する。既存企業は、その経験と規模によって効率的に製品を製造できるので、ベンチャー企業にとっては著しく不利になるのである[9]。

STOP

1 産業が成熟期に達してから、参入してはいけない。

2 支配的デザインが出現する前に事業を開始しなければならない。

[8][9] J. Utterback, *Mastering the Dynamics of Innovation.* (Cambridge: Harvard Business School Press, 1994).
『イノベーション・ダイナミクス——事例から学ぶ技術戦略』ジェームズ・M・アッターバック著、大津正和、小川進共訳、有斐閣、1998年

5 産業構造

第四の要素は、産業構造である。産業構造は、その産業における参入障壁の性格と競争の力学に関係してくる。特に、「資本集約度」「広告集約度」「シェアの集中度」「企業の平均規模」の四つが重要である。

資本集約度

資本集約度とは、製造プロセスにおいて資本が労働力と比べてどれだけ重要かを示す尺度である。航空宇宙産業などでは巨額の資本を必要とするが、労働力は比較的少なくてよい。一方、繊維のような産業では、資本は比較的少額ですむが、多くの労働力が必要である。

ベンチャー企業にとっては、資本集約度の高い産業より労働集約度の高い産業、つまり資本よりも労働力が重要な産業のほうが有利である[10]。それはなぜか。創業したばかりのベンチャー企業には、営業活動から生まれるキャッシュフローがない。しかし、人員を拡大し、生産と流通に必要な資産を得るためには資本を増強しなければならない。そうなると、外部の金融市場から資本を調達する必要がある。

しかし、金融市場から調達する資本は、企業内部で生みだす資本に比べて高くつく。投資家

[10] D. Audretsch, "New Firm Survival and the Technological Regime." *Review of Economics and Statistics* (1991): 441-50.

は、投資リスクと引き換えにプレミアムを求めるからである。このプレミアムの大きさは、その事業を立ち上げるのに必要な資本の大きさに関係する。つまり、ある産業における事業に必要な資本が大きければ大きいほど、ベンチャー企業は不利になってしまうのだ。

広告集約度

広告集約度の高い産業も不利である。広告は、企業がその製品やサービスの認知度を高め、販売を促進させるためのメカニズムである。広告によってブランドイメージを築くためには、二つの条件を満たさなければならない。

第一に、広告は時間をかけて繰り返し打たなければならない。人間が一度に吸収できる情報は限られているからだ。したがって、ベンチャー企業がブランド名を浸透させるには時間がかかり、既存企業に比べて知名度が低い状態がつづく。

第二に、広告には規模の経済がはたらく。広告の費用は製品の販売数に関係なく、ほとんどが固定費である。その結果、製品一個あたりの広告費は販売量が増えれば減少する。ベンチャー企業の生産量ははじめ少ないので、既存企業より単位あたりの広告費が高くなる[11]。当然ながら、広告が重要な産業であればあるほど大きな問題となる。

シェアの集中度

シェアの集中度が高い産業も不利である[12]。シェアの集中度は、ある産業において大手企業が

[11] S. Shane, *A General Theory of Entrepreneurship: The Individual-Opportunity Nexus* (Cheltenham, UK: Edward Elgar, 2003).

[12] K. Eisenhardt and K. Schoonhoven. “Organizational Growth: Linking Founding Team, Strategy, Environment, and Growth among U.S. Semiconductor Ventures, 1978-1988.” *Administrative Science Quarterly* 35 (1990): 504-29.

市場シェアをどれほど占めているかで測られる。たとえば、製薬のような産業では、最大規模の企業数社が市場のほとんどを占めている。メルク、ファイザー、イーライ・リリーのような大手製薬会社以外の企業が製造した医薬品がいかに少ないことか。これに対して、ドライクリーニングのように多数の企業が乱立している産業では、実質的に全マーケットの一パーセントを占める企業さえも存在しないのだ。

シェアの集中度の高い産業では、既存の大手企業が市場の支配力を手にしてしまう。たとえば、米国の地域電話サービスを提供している通信会社は、ベンチャー企業の参入を阻止するだけの資源を持っている。つまり、独占または寡占で稼いだ利益を使って新規参入を阻止できるのだ。

また、多数の小企業が乱立する産業に比べて、シェアの集中度が高い産業への新規参入が難しいのには二つの理由がある。第一に、市場シェアが細分化された産業では、小規模で脆弱な企業が多いため、競争を挑めば成功する可能性が高いが、シェアの集中度が高い産業では、限られた大手の強力な企業と競争しなければならない。

第二に、シェアの集中度が高い産業では、既存企業が共同で新規参入を阻止することができる。たとえば、新規参入者が業界に乗り込んできたときに、参入者が事業を断念するまで大手が一斉に価格を下げ、相手が撤退するとまた価格を上げるというようなことだ。このような共謀策は、全員が参加したときにだけ効果を発揮するので、業界内の参加者が少ないほど簡単なのである。

企業の平均規模

ベンチャー企業にとっては、企業の平均規模が小さい産業のほうがよい[13]。起業家は、見込み違いのリスクを最小限にするために、ベンチャー企業を小規模でスタートしようとする。間違ったとしても、損失の発生を少なくできるからである。産業内のほとんどが小規模の企業なら、小規模で始めても、既存企業と比べて大して不利になることはない[14]。これに対して、企業の平均規模が大きい産業で小さく始めると、大量購買によって調達コストを削減したり、規模の経済を生かして製造や流通の平均コストを下げたりすることができなくなってしまう。

たとえば、ウェブサイトの開発業者なら平均的に規模が小さいので、既存企業と同じではないにせよ、ほとんど同じような規模でスタートできる。しかし、平均的にきわめて巨大な鉄鋼業で事業をスタートすると、既存の競合企業と比べて著しく不利な状況を強いられる。

STOP

1. 資本集約度の高い産業で事業を始めてはいけない。
2. 広告集約度の高い産業で事業を始めてはいけない。
3. 企業の平均規模が大きい産業で事業を始めてはいけない。
4. シェアの集中化・寡占化が進んだ市場で事業を始めてはいけない。

[13] D. Audretsch and T. Mahmood, "The Hazard Rate of New Establishments." *Economic Letters*, 36 (1991): 409-12.

[14] Z. Acs and D. Aud-retsch, "Small Firm Entry in U.S. Manufacturing." *Economica* (1989): 255-66.

まとめ

第1の鉄則　有利な産業を選ぶ

テクノロジー分野の起業家が成功するための第1の鉄則とは、「**有利な産業を選ぶ**」ことだ。ベンチャー企業の業績は、産業間で著しく違う。その違いこそが、インク500のリストに入ったり、上場企業になれるかどうかを大きく左右する。その確率の差は、ときには一〇〇〇倍にも達するのだ。また、ベンチャー企業の業績を左右する要素として、「知識特性」「需要特性」「産業のライフサイクル」「産業構造」の四つがあることがわかっている。この**四つの要素**は、ベンチャー企業の業績に大きな影響を与えるので、徹底的に理解しておかなければならない。

知識特性は、五つある。「製造プロセスが複雑である」「新しい知識の創造が多く必要である」「知識が十分に文書化されていない」「イノベーションの生まれる場がバリューチェーンの内部にある」「製造とマーケティングが付加価値の大半を占める」で、このいずれかに当てはまる産業でベンチャー企業が好業績をあげることは難しい。

需要特性は、三つある。ベンチャー企業にとって有利なのは、「市場が大きい」「成長が速い」「非常に細分化されている」産業である。

産業のライフサイクルも重要だ。ベンチャー企業にとっては、成熟した産業よりも新しい産業のほうが有利である。また、産業内に支配的デザインが生まれる前に参入したほうがよい。

産業構造は、四つある。「資本集約度が高い」「広告集約度が高い」「シェアの集中度が高い」「企業の平均規模が大きい」産業は、ベンチャー企業に不利である。

以上で、第1の鉄則を理解してもらえたと思う。最善のスタートをきれるよう、左の**自己診断**で、あなたの起業計画をチェックしていただきたい。

自己診断

	YES	NO
1 いま参入を検討中の産業は、新しい会社をスタートするのに有利だろうか?	□	□
2 その産業の知識特性は、ベンチャー企業にとって有利なものだろうか?	□	□
3 その産業の需要特性は、ベンチャー企業にとって有利なものだろうか?	□	□
4 その産業のライフサイクルは、ベンチャー企業にとって適切な段階にあるだろうか?	□	□
5 その産業の構造は、ベンチャー企業にとって有利なものだろうか?	□	□

第2の鉄則

価値あるビジネスチャンスを発見する

この世の中で、新しい企業が必要とされることなどめったにない。なぜなら、既存企業が顧客のニーズを的確に満たしているからである。だから起業家にとって成功が保証されたビジネスチャンスなど存在しない。残念なことに、多くの起業家がこのことに気づかずに、ビジネスチャンスもないところに新規事業を立ち上げ、すぐに失敗してしまうのである。

成功したければ、満たされていない顧客のニーズを満たす、あるいは既存企業よりも一段と優れた方法でニーズを満たすような新しい製品やサービスを生みだすチャンスをつかまなければならない。では、そういうビジネスチャンスはどこにあり、どんな形で現れ、どうやって見つければいいのだろうか。また、どのようにイノベーションと結びつければいいのか。第2の鉄則では、それを解明していこう。

1 ビジネスチャンスの源泉

起業家にとってのビジネスチャンスとは、商品が製造コストより高く売れる状況を意味する。このようなチャンスは、顧客のニーズが満たされていないか、現在よりも優れた方法で満たすことができるときに生まれる。では、なぜこうしたビジネスチャンスが存在するのか。それが本当に価値あるビジネスチャンスなら、すでに誰かが手がけているのではないか。

これは、「何かを新しく生みだす、あるいはより優れた方法で実現するチャンスを生む何らかの変化がタイミングよく起こった」ということで説明がつく[1]。たとえば、音楽ＣＤは、レーザーの発明というテクノロジーの変化があってはじめて到来したビジネスチャンスである。

このように、ビジネスチャンスは変化によってもたらされる。だから、ビジネスチャンスを発見するには、まず変化を見つけなければならない。変化には四つのタイプがある。「テクノロジーの変化」「政策や規制の変化」「社会や人口動態の変化」「産業構造の変化」である。成功する起業家は、ここからどのようにして変化が生まれ、ビジネスチャンスにつながるかを理解しているのである。

[1] J. A. Schumpeter, *The Theory of Economic Development: An Inquiry into Profits, Capital Credit, Interest, and the Business Cycle*. (Cambridge, MA: Harvard University Press, 1934).
『経済発展の理論――企業者利潤・資本・信用・利子および景気の回転に関する一研究』Ｊ・Ａ・シュムペーター著、塩野谷祐一、東畑精一、中山伊知郎共訳、岩波書店、1977年

テクノロジーの変化

いうまでもなく、テクノロジーの変化はビジネスチャンスの源泉であり、テクノロジー企業を創業する好機となる。テクノロジーの変化によって、これまでできなかったことができるようになったり、これまでよりはるかに効率的にできるようになったりする[2]。たとえば、電子メールをやりとりするソフトウェアが発明されたおかげで、電話やファックスや手紙よりはるかに効率的に情報交換ができるようになり、ビジネスチャンスが花開いた。

では、テクノロジーの変化のどこがビジネスチャンスと関係しているのか。まず、重要なのは、テクノロジーの変化のインパクトである。これが大きければ大きいほど、ビジネスチャンスが増える。たとえば、新しく開発された回路の速度が従来のものより一〇%しか速くないとすれば、新しい回路が使われるケースはごく稀だ。なぜなら、一〇%の改善によるメリットが交換コストを上回る製品にしか使用されないからだ。これに対して、新しい回路が従来のものより五〇〇%速ければ、メリットが交換コストを上回る製品はずっと多くなる。

次に重要なのは、汎用性である。たとえば、レーザーは汎用的なテクノロジーで、これがさまざまな新製品の創造につながり、スーパーマーケットのバーコードリーダや医療機器、CDなどの製品化が可能になった。汎用性のあるテクノロジーはさまざまな分野に応用できるので、汎用的でない単一目的のテクノロジーよりもビジネスチャンスが大きく開かれるのだ。

商用化の可能性も重要である。新しいテクノロジーのなかには、インパクトは非常に大きい

[2] S. Shane, "Explaining Variation in Rates of Entrepreneurship in the United States: 1899-1988." *Journal of Management* 22 no.5 (1996): 747-81.

が、ビジネスには直結しないものもある。たとえば、スペースシャトルのインパクトは非常に大きく、再利用できないロケットに比べて巨額な費用を節約できる。しかし、スペースシャトルは商業目的の用途が限られているため、ビジネス上のメリットは少ない。

テクノロジーの変化は産業界の力学にも影響をおよぼし、企業の競争ルールを変える。ここからビジネスチャンスが生まれることが多い。たとえば、通信業におけるVoIPテクノロジー[1★]は、資本集約型の事業を少額の資本ですむ事業に変えてしまった。その結果、これまで不利な立場にあったベンチャー企業にもチャンスが生まれたのである。

政策や規制の変化

政策や規制の変化は産業内の生産性を高めるので、ビジネスチャンスが生まれる。たとえば、通信事業者に対する規制緩和によって多数のベンチャー企業が生まれ、従来よりずっと安く音声やデータをやりとりする方法が導入されたことにより、企業と消費者の双方に利益がもたらされた[3]。

生産性には関係なく、単に富を一方から他方へ移転させるだけのケースもある。たとえば、市の条例によって、すべての建物に取り付ける電気のアースを二本にするよう義務づけられたとしよう。実際には、安全上必要なのは一本であって、二本目のアースには何のメリットもない。この条例は、生産性を高めるわけではないが、消費者から起業家へ富を移転させるビジネスチャンスを作り出すことになる。

1★ Voice Over Internet Protocol：音声通話をインターネットの通信プロトコルを使って実現する技術

[3] T. Holmes and J. Schmitz, "A Gain from Trade: From Unproductive to Productive Entrepreneurship." *Journal of Monetary Economics* 47 (2001): 417-46.

では、なぜ政策や規制の変化が起業家にビジネスチャンスをもたらすのか。それは、参入を阻まれていた起業家が、規制緩和で多種多様なアイデアを実現できるようになるからだ。また、新規事業を阻む多くの官僚的障壁が取り除かれるからである。多くの起業家は、規制のもとでは余計な活動コストが採算に合わないと考え、新しい事業を始めようとしない。しかし、ひとたび規制緩和が始まると、以前はあきらめていた事業でも採算に乗ると考えるようになるのだ。

いっぽう、特定の規制によって、新たな需要が喚起されることもある。たとえば、チャイルドシートの使用を義務づける規制は需要を喚起し、ビジネスチャンスを生みだす。

また、特定の活動に対して補助金やその他の援助が提供されることで、活動のコストが低減し、普及が進む。たとえば、トロント大学の経済学者マリアン・フェルドマンは、米国連邦政府の調達方針によって、ワシントンDCにおけるIT企業の設立が促進されたと指摘している[4]。ITサービスの新しい調達方針によって、多くの新会社が売り込み先を見つけ、順調なスタートを切ることができたのだ。

社会や人口動態の変化

社会や人口動態の変化は人々の好みを変え、これまで存在しなかった需要を生みだす。これによって、新しいテクノロジー事業のビジネスチャンスがもたらされる。たとえば、女性の職場進出という人口動態の変化と、これによって生みだされた「食事を素早く準備したい」という需要の増加で、さまざまな種類の冷凍食品を市場に投入するというビジネスチャンスがもた

[4] M. Feldman, "The Entrepreneurial Event Revisited: Firm Formation in a Regional Context." *Industrial and Corporate Change*, 10 no.4 (2001): 861-91.

らされた。

とりわけ重要なのは、社会的なトレンドである。たとえば、デオドラント剤のビジネスチャンスは、多くの人が体臭を気にするようになった結果から生まれたものである。実際には、人が体臭を隠す医学上、健康上の必要性はないのだが、体臭は無作法だと考える社会的なトレンドが広がって、体臭を隠す製品の開発が可能になった。

また人口動態の変化も重要である。たとえば、出生率が低下し、平均寿命が延びた結果、米国社会は高齢化しつつある。こうした人口動態のトレンドによって、二五年前まではそれほど需要がなかった老人向け医療のような製品やサービスが有望になった。

ものの見方や需要の変化もビジネスチャンスをもたらす。さまざまなきっかけで、人は物事を新しい角度でとらえて、これまでとは違ったものを欲しがるようになる。この種の変化のよい例が、米国の同時多発テロ事件以後の米国国旗だろう。国旗が象徴するものに対して、米国市民の認識が大きく変化した結果、需要が劇的に増えたのである。

社会的トレンドとテクノロジーが結びついた変化もある。たとえば、ネットナニー[1★]やサイバーパトロール[2★]などは、有害なインターネット・コンテンツから子どもを守るというビジネスチャンスをうまく利用したケースである。これは、子どもたちが学校から帰っても親が家にいないという社会的トレンドと、インターネットの発展が結びついて生まれたビジネスチャンスである。

1★ http://www.netnanny.com/

2★ http://www.cyberpatrol.com/

産業構造の変化

産業構造は、バリューチェーンを構成する企業の破綻や、合併や買収によって変化する。その結果、産業内の競争力学が変わり、ビジネスチャンスをもたらすニッチな領域が生まれたり、消滅したりする。たとえば、航空産業では、大手航空会社がハブ・アンド・スポーク方式[1★]を採用して集約を進めた結果、ローカル空港を直接結ぶ新しい航空会社が参入するビジネスチャンスが生まれた。しかし、大手がハブ・アンド・スポーク方式へ移行したというだけで、ベンチャー企業にビジネスチャンスがもたらされたわけではない。大手が移行と同時に不採算路線からの撤退を進めた結果、航空産業の構造が変化したからである。

STOP

1 ビジネスチャンスの源泉を見きわめずに事業をスタートしてはいけない。

2 テクノロジーの変化、政策や規制の変化、社会や人口動態の変化、産業構造の変化が、どのようなビジネスチャンスを生みだすかを理解せずに事業をスタートしてはいけない。

1★ 大都市の空港（ハブ）とその近隣空港を結ぶ路線（スポーク）を整備し、限られた経営資源で運行頻度を増やし、乗客の利便性を高める方法

2 ビジネスチャンスの形――新しい製品やサービスにこだわるな

次に、ビジネスチャンスがどのような形で現れるかについて説明しよう。これまで見てきた四つのタイプの変化によって、「新しい製品やサービスが必要になり、ビジネスチャンスが生まれる」という発想は誰にでもできる。しかし、こうした変化は、従来の製品やサービスにもビジネスチャンスをもたらす。すなわち、「新しい素材を使う」「新しい事業体制を構築する」「新しい製造プロセスを導入する」「別の新しい市場に売り込む」ことが可能になるのである[5]。

レーザーの発明によるCDの開発は、変化によって新しい製品やサービスが可能になった例である。いっぽう、書籍という非常に古くからの製品をインターネットで販売するためにジェフ・ベゾスが設立したアマゾン・ドット・コムは、変化が企業の新しい事業体制を可能にした例といえよう。また、食肉を冷凍加工や缶詰加工して輸出する事業は、昔からの商品を使って新しい市場を見つけた例であり、自動車部品の金属のかわりにセラミックスを使うことは、新しい素材と新しい製造プロセスによって既存の製品を作るということである。さらに、製鉄業でミニミルが採用したストリップキャスティング2★は、連続鋳造にかわる新しい鉄鋼製造プロセスである。

ビジネスチャンスがさまざまな形で現れることが、なぜ重要なのか。それは、「新しい製品や

［5］ 前掲書→［1］

2★ 回転する二つのロールのあいだに溶融金属を流し込み、ロールによる冷却によって連続的に板材を製造する技術。従来の加工工程を大幅に短縮することができる

サービスを開発する」よりも、新しい素材、新しい事業体制、新しい製造プロセス、新しい市場の開拓といった「従来の製品やサービスに、新しいアプローチをとる」ほうが理にかなっているからだ。第7、第8の鉄則で詳しく述べるが、起業家として成功するためには、競合企業が簡単に模倣できないようにしなければならない。模倣を防ぐには、単純に新しい市場に参入するのはあまりよい戦略とはいえないことが明らかになっている。また多くの場合、従来の製品やサービスに、新しい素材を採用したり、新しい事業体制をとったり、新しい製造プロセスを導入したりするほうが、新しい製品を開発するよりも模倣がしにくいという。

第7の鉄則で説明するが、特許を取得できない場合、模倣を防ぐための最大の防御策は秘密主義に徹することである。もっとも、新しい製品やサービスは顧客に提供するためのものであり、市場に出回れば、その仕組みを秘密にしておくことは非常に難しい。つまり、競合企業はいつでも新しい製品を買い、分解して模倣することができる。

しかし、新しい素材、新しい事業体制、新しい製造プロセスであれば、顧客にも競合企業にも秘密にしておくことができる。つまり、この方法で従来どおりの製品を製造すれば、新しい事業の核心部分を確実に隠し、結果として業績を向上させることができるのである。実際に、競合他社が新しい製品やサービスそのものを模倣するよりも、新しい製造プロセスを模倣するほうが、より多くの時間やコストがかかり、難しいことが学術研究によって明らかになっている[6]。

また、従来の市場に向けて新しい製品やサービスを創り出すよりも、新しい市場に対して既

[6] Mansfield, E. “How Rapidly Does Technology Leak Out?” *Journal of Industrial Economics*, 34 no.2 (1985): 217-23.

存の製品やサービスの価値を訴求するほうが、おそらく簡単である。さらにいえば、新しい製造プロセスや事業体制を採用するほうが、新しい市場を開拓したり、新しい製品を開発したり、新しい素材を採用するよりも簡単かもしれない。

STOP

1 どのような形のビジネスチャンスが望ましいかを理解せずに事業をスタートしてはいけない。

2 新しい製品やサービスを新しい市場に投入することを当たり前のように考えてはいけない。新しい素材、新しい製造プロセス、新しい事業体制を使って、従来の製品やサービスを提供したほうがよい場合が多い。

3 ビジネスチャンスのタイプとイノベーション

次に、これまで見てきたビジネスチャンスと、変化によってもたらされるイノベーションとの関係について考えてみよう。あるタイプのイノベーションは、特定のタイプのビジネスチャンスを発生させる。そして、成功する起業家は、イノベーションとビジネスチャンスのタイプを一致させる方法を理解している。二つのタイプが一致したときのほうが、一致しないときよりも有利になることを知っているからである。

あるタイプのイノベーションは、特定のタイプのビジネスチャンスにつながる。たとえば、製品の寸法を変更する、あるいは物理的特性を改善することは、新しい製品やサービスを生みだすビジネスチャンスにつながる可能性が大きい。また、製造プロセスを連続的なものに変える、歩留まりを改善する、あるいは機械化、自動化、標準化などを導入することは、新しい製造プロセスというビジネスチャンスを生むことが多い。製造規模や製造方式の変更は、新しい事業体制というビジネスチャンスを発生させる傾向がある。新たな顧客セグメントに向けた販売企画やパーソナライゼーションを進めることは、新しい市場を開拓するというビジネスチャンスにつながる。投入する原材料の改善は、新しい素材というビジネスチャンスにたどり着くことが多い[7]。

[7] A. Klevorick, R. Levin, R. Nelson, and S. Winter, "On the Sources of Significance of Inter-industry Differences in Technological Opportunities." *Research Policy* 24 (1995): 185-205.

テクノロジー起業家は、こうしたパターンに注目し、ビジネスチャンスがさまざまな形で現れることを忘れてはいけない。そして、イノベーションがどう影響していくか、注意深く見ていく必要がある。さもないと、新しい製品やサービスを具現化する際に、イノベーションを不適切に当てはめてしまい、ビジネスチャンスを歪めてしまうことになりかねない。

ビジネスチャンスにつながるイノベーションが、すべての産業にわたって均等に存在しているわけではない。したがって、どの産業に狙いを定め、どのようなイノベーションを活用していくか、じっくりと考えなければならない。たとえば、エール大学のアルヴィン・クレヴォリック教授のチームは、アルミ精錬のような産業では製造規模の拡大が最も起きやすいと指摘している。

また、ラジオやテレビ、自動車の製造では、機械化や自動化が進むのがふつうで、半導体のような産業では歩留まりの改善がよく行われる。ボールベアリングや変圧器では投入資源の改良がごくふつうに行われており、食品製造では連続工程への転換は一般的である。

さらに、コンピュータ産業では製品の大きさの変更は日常茶飯事で、ゴムやプラスチックでは製品の物理的性質の改良が一般的である。合成繊維では製品特性の改善が行われることが多く、冷凍・加熱設備では標準化への動きが見られる。塗料や化粧品では市場の細分化が圧倒的に進んでおり、鉱山機械やタービンでは受注生産による特注品が多い[8]。

[8] 前掲書→[7]

STOP

1 ビジネスチャンスの形とイノベーションのタイプの関係を無視してはいけない。

2 参入しようとしている産業にふさわしくないイノベーションを追求してはいけない。

4 イノベーションが生まれる場所

次のステップは、ビジネスチャンスにつながるイノベーションがどこで生まれるかを理解することである。イノベーションは、さまざまな場所で発生する。基礎的な研究を行う大学や公共の研究機関から、原材料や中間製品を提供するサプライヤー、製品を製造するメーカー、流通業者、そして顧客に至るさまざまな段階で、イノベーションが連鎖的に発生している。

このイノベーションの連鎖を、よく理解しなければならない。発生するイノベーションのタイプは、発生する場所によって異なり、それがどうビジネスチャンスにつながるかは、産業によって異なるのだ。たとえば、科学機器産業におけるイノベーションは大学で生まれ、新しい機器の開発につながる。いっぽう、半導体産業におけるイノベーションはメーカーで生まれ、製品の改善につながる[9]。

起業家にとって、競合となるような既存企業から生まれたイノベーションは、それが彼らの弱みにつけ込むものでないかぎり、それほど役に立たない。これについては、第6の鉄則で詳しく述べる。いっぽう、成功する起業家が主に注目するのは基礎研究の分野、あるいはサプライヤーや顧客から生まれたイノベーションである。

イノベーションが発生する特定の場所に注目すると、ビジネスチャンスにつながる情報を入

[9] 前掲書→[7]

手できる。つまり、既存企業や公共機関から、情報が流出するのである。既存企業から情報が流出するのは、彼らがすべてのイノベーションを漏れなく掌握して、企業内に留めておくことができないからである。

たとえば、イーサネットやマウス、グラフィカル・ユーザー・インターフェースなどは、どれもゼロックスが開発したものである。しかし、このすべてをうまく利用したのはゼロックスではなく、新しい企業だった。つまり、イノベーションに関する情報がゼロックスから流出してしまったのである。

なぜこうしたことが起きたかというと、従業員、顧客、サプライヤーなどがイノベーションの内容を知り、それを利用することができる立場にあったからである。つまり、従業員、顧客、サプライヤーは自分の立場を生かして起業家になることができるのだ。

ゼロックスのように、従業員が経営陣にビジネスチャンスを提案したにもかかわらず却下されてしまうケースもあれば、従業員やサプライヤーが新たなビジネスチャンスを経営陣に報告しないで独立してしまうケースもある。いずれにせよ、イノベーションに関する情報の流出を防ぐのは非常に難しい。

大学や政府の研究所で開発された公共部門のテクノロジーからも情報がもたらされる。インターネット分野のベンチャー企業の例を考えてみよう。これらの企業が生まれるもととなったテクノロジーの開発は、米国国防省のARPANETプロジェクトの成果である。多くの起業家がこの成果を利用して新しいテクノロジーに基づいた企業を設立した。なかでも、ウェブ・

ブラウザを作ったネットスケープはおそらく最も有名な企業だろう。

このように、イノベーションが生まれる場所が産業ごとに異なっていることを十分に理解しておく必要がある。また、ベンチャー企業を設立するのに適した産業とそうでない産業があることも覚えておこう[10]。公共機関やサプライヤー、顧客が生んだイノベーションに基づくビジネスチャンスを利用するほうが簡単である。つまり、ベンチャー企業にとっては、医療機器やコンピュータのような産業のほうが有利だということになるのである。

STOP

1 大学や政府機関による発明にチャンスがあることを忘れてはいけない。

2 既存の大手企業の弱みに付け込むのでないかぎり、彼らが取り組むのがベストだと思われるようなイノベーションを追求してはいけない。

[10] 前掲書→[7]

5 ビジネスチャンスに気づく

次のステップは、ビジネスチャンスの存在に気づくことである。人はえてして、誰かが新しいテクノロジー事業をはじめるのを見て、大きなビジネスチャンスを逃がしてしまったことに気づくものである。ビジネスチャンスに気づく人もいれば、気づかない人もいる。これは、ビジネスチャンスが、「テクノロジー」「産業構造」「社会や人口動態」「政策や規制」の変化に関する情報から生まれるためである。

このような情報にアクセスしたり、うまく利用したりする能力こそが、ビジネスチャンスに気づく鍵である[11]。たとえば、研究所で働いているような人は、新しいテクノロジーの発見を最初に知る立場にいる。他の人よりも先に情報を入手できれば、誰よりも早く新製品の開発や販売に踏み切ることができるのだ。

情報へのアクセス

ビジネスチャンスにつながる情報を、誰よりもうまく手に入れる人がいる。成功する起業家は、ビジネスチャンスを発見する際に、いくつかの重要なテクニックを使っているようだ。たとえばよい人脈に恵まれている人がいる。情報は、人脈を介して人から人へ伝達されていくこ

[11] I. Kirzner, "Entrepreneurial Discovery and the Competitive Market Process: An Austrian Approach." *Journal of Economic Literature* 35 (1997): 60-85.

とが多い。友人や知人が、あの店舗はあと数カ月で空くとか、新しいテクノロジーが発明されたというような、他の方法では知ることができないことを教えてくれることがある。このように、恵まれた人脈を持っているおかげで、特別な情報を入手することができる。

人脈の絆が強ければ強いほど、疑わしい情報であっても信じようとする傾向にあるため、情報伝達の効果は高まる。耳にした情報が正しいかどうかを判断するのは難しい。たとえば、常温核融合のテクノロジーが発明されたという噂があったとしよう。これは、にわかには信じがたい。そういう場合、友人や信頼できる人に意見を求めるのである。このように、人脈の強い絆のおかげで、決定的な変化をもたらす情報を入手することができる。

また、情報源に近いところで働いたり、生活したりしている人もいる[12]。ハイテク企業を創業するうえで、研究開発やマーケティングの仕事についていれば、ビジネスチャンスをもたらす変化についての情報を得るのにきわめて有利である[13]。研究開発の仕事をしていれば、新規事業を生みだす新しいテクノロジーに関する情報を得ることができる。マーケティングの仕事をしていれば、顧客の嗜好や満たされていない顧客のニーズを知ることができる。こうした仕事は、起業に役立つ情報を入手するうえで非常に有利である。

とはいえ、ほかの仕事ではビジネスチャンスにつながる情報を入手できないというわけではない。一般的に、研究開発やマーケティングは情報を得やすい立場にあるが、その情報が起業にふさわしいものかどうかはビジネスチャンスの性質による。たとえば、経理担当者は財務会計ソフトのビジネスチャンスを知る立場にある。それは彼が研究開発やマーケティング部門で

[12] D. Blanchflower and A. Oswald, "What Makes an Entrepreneur?" *Journal of Labor Economics*, 16 (1998): 26-60.

[13] S. Shane, *A General Theory of Entrepreneurship: The Individual-Opportunity Nexus* (Cheltenham, U.K.: Edward Elgar, 2003).

はなく、財務部門で働いているからだ。ただ、おしなべていえば、研究開発とマーケティングの仕事は、ほかの仕事よりもビジネスチャンスに関する情報を入手しやすいといえる。

また、貴重な情報を自ら探すことで、機先を制する人もいる。行きあたりばったりで探しても、ビジネスチャンスをもたらす情報は得られない。テクノロジーやマーケティングの課題を解決することに専念していれば、ビジネスチャンスにつながる貴重な情報を入手できる。たとえば、現在、多くの大学のバイオテクノロジーの研究者が、がんの治療法を研究しており、治療法が発見できれば、それを利用して企業が設立できることを知っている。実質的には、彼らはビジネスチャンスの源泉を探しているのである。

情報をうまく処理する

ビジネスチャンスを見つけるにあたって、情報を入手できるかどうかは成功要因の半分でしかない。もう半分の重要なことは、「貴重な情報の断片から、いかに新たな事業のアイデアをうまく組み立てることができるか」である。これを見過ごしてはいけない。新しいテクノロジーの存在を知っているからといって、それを利用した事業を思いつくことを意味するわけではないのである。たとえば、デジタル時計のテクノロジーを発明したスイスの時計メーカーは、このテクノロジーを利用して時計を作る方法を考えつかなかったために、日本企業に事実上ビジネスチャンスを譲ってしまい、商業化されてしまった。

ビジネスチャンスを導くには、うまく情報を処理する必要があり、これにはいくつかの知的な能力が関係している。たとえば、市場とその攻略法の図式《スキーマ》がすでに頭のなかにあり、誰も思いもつかない方法で市場を理解して、情報を利用できる人がいる[14]。

ビジネスチャンスにつながる情報は、すべてがすぐに市場に投入できるような製品やサービスの形でやってくるわけではない。むしろ、新しいテクノロジー、規制、人口動態のトレンド、産業構造などからは、ビジネスにつながる何かができそうだというヒント、あるいはきっかけの形でしか現れない。したがって、ビジネスチャンスを発見するのは、断片的な情報から推定を繰り返す知的なプロセスであるといえよう[15]。

図式《スキーマ》というのは、情報を整理したり利用したりする経験を積むことで得られる知的なフレームワークのことである。研究によれば、顧客やサプライヤーが持つ市場に関する情報や、市場を攻略するための情報は、図式《スキーマ》を構成するうえで重要なインプットであり、ビジネスチャンスの発見に役立つ。たとえば、自動車産業で顧客の抱えている課題を理解していれば、新素材の発明がもたらすビジネスチャンスを利用して、新しい自動車関連事業を思いつくことができる。その可能性は、自動車市場に知識のない人よりも大きいだろう。

知的な能力のもう一つは、ある情報に触れた際に、それをリスクではなく、ビジネスチャンスだと感じる考え方である。こういう考え方をする人は、新しいテクノロジーをビジネスチャンスと捉える。新しい製品やサービスの開発がうまくいくとは限らないし、新製品を開発できるのか、人がそれを買ってくれるのか、競合企業が真似をして新しい製品やサービスから得る利益を横取りするのではないかなど、不安な要素は尽きない。したがって、新しいビジネス

[14] 前掲書→[13]

[15] D. Sarasvathy, H. Simon, and L. Lave, “Perceiving and Managing Business Risks: Differences between Entrepreneurs and Bankers.” *Journal of Economic Behavior and Organization*, 33 (1998): 207-25.mm

チャンスを見つけることができるかどうかは、「不確実なことが多くても、可能性を見いだそうとするかどうか」にかかっている。

学術研究が、これを裏づけている。たとえば、ある研究で、ベテランの起業家と銀行家を対象にシミュレーションを実施した結果、銀行家がリスクありと判断したことについて、起業家はビジネスチャンスありと判断した[16]。このような行動パターンを見ると、起業家が情報を見る目は人と違っていて、それがビジネスチャンスの発見に役立っていることがわかる。

成功する起業家は、収集した情報をうまく利用する術に長けているが、これはおそらく彼らが独創的だからである[17]。人間は独創性のおかげで、情報を組み合わせたり、情報のなかから傾向を読み取ったりできる。つまり、成功する起業家は、ふつうの人なら見逃してしまう雑多な情報の断片から、新しいテクノロジーや市場のニーズ、産業構造についてのトレンドを読み取り、新しい製品やサービスのアイデアを考え出すのである。

要するに、他の人が気づかない新しいハイテク事業のビジネスチャンスを見つけられるのは、開かれつつあるビジネスチャンスに関する情報を入手する方法があるからであり、また、ちょっとした情報からビジネスチャンスを嗅ぎ取る能力があるからである[18]。

[16] 前掲書→[15]

[17] K. Hyrsky and A. Kangasharju, "Adapters and Innovators in Non-urban Environment," in *Frontiers of Entrepreneurship Research*, ed. P. Reynolds, W. Bygrave, N., Carter, S. Manigart, C. Mason, G. Meyer, and K. Shaver (Babson Park: MA Babson College, 1998).

[18] 前掲書→[13]

STOP

1 新しいビジネスチャンスの情報にアクセスできないような人脈、職業、生活環境に身を置いてはいけない。

2 ビジネスチャンスに遭遇した際に、新規事業の可能性を否定してしまうような思い込みや考え方を持ってはならない。

まとめ

第2の鉄則　価値あるビジネスチャンスを発見する

この章では、「ビジネスチャンスを発見する」ことについて説明した。

最初のステップは、ビジネスチャンスの源泉を見つけることである。ビジネスチャンスの主な源泉には、「テクノロジーの変化」「政策や規制の変化」「社会や人口動態の変化」「産業構造の変化」などがある。

テクノロジーの変化によって、これまで不可能だったことが可能になったり、従来よりずっと効率的にできるようになったりする。そして、その「インパクト」「汎用性」「商用性」「産業構造への影響」など、変化の特性によって、ビジネスチャンスの価値は大きく変化する。

政策や規制の変化は、生産性を高めたり、強制的に富を移転させたりする効果があるため、ビジネスチャンスの源泉となる。規制緩和によって、新規参入者は顧客に新しい選択肢を提案できるようになる。あるいは、規制によって需要が増加したり、補助金によって製品やサービスのコストが補填されたりする。

社会や人口動態の変化は、人々の好みを変え、需要を変えることによってビジネスチャンスをもたらす。この種の変化で注目すべきは、「社会的なトレンドの変化」「人口動態の変化」「外的要因による認識の変化」の三つである。また、産業構造の変化は、新しいサプライヤーの参入を可能にし、競争の力学を変えることで、ビジネスチャンスをもたらす。

二番目のステップは、ビジネスチャンスがどのような形で現れるかを理解することだ。新しいビジネスチャンスは、必ずしも新しい製品やサービスの形をとるとは限らない。「新しい素材」「新しい事業体制」「新しい製造プロセス」「新しい市場の開拓」という形をとることもある。通常、起業家は新しい製品やサービスを創造するという観点で考えがちだが、新しい素材や製造プロセス、事業体制を考えたほうがよいかもしれない。なぜなら事業を有利に展開するには、他社による模倣を最小限に抑えることを考えなければならないからだ。新しい素材や製造プロセス、事業体制なら、新しい製品よりも秘密を保持することが容易で、模倣を防ぐのに好都合である。

三番目のステップは、ビジネスチャンスの形を特定のタイプのイノベーションにうまく結びつけることである。ビジネスチャンスとイノベーションのタイプをうまく組み合わせれば、新しい事業はうまくいく。また、イノベーションのタイプは全産業にわたって均等に存在してはいないため、産業によって、どのビジネスチャンスを追求すべきかは異なってくる。

四番目のステップは、イノベーションがどこで発生するか見きわめることである。イノベーションのタイプは、発生する場所によって異なる。また、これがどのようにビジネスチャンスにつながるかは、産業によって異なる。また、イノベーションの連鎖に注目すると、産業によってベンチャー企業に有利不利があることがわかる。

最後のステップは、新しい事業の可能性にどうやって気づくかを理解することだ。最も重要なのは、情報の入手と処理の能力である。情報の入手については、人脈、職業や生活経験、情報探求への取り組みなどの違いによって、他の人よりも有利になることがある。情報の処理については、精神的な特性、リスクの許容度、独創性などの違いによって、他の人よりも新しい事業を見つけることに長けている人がいる。

自己診断

	YES	NO
1 あなたの新規事業にとって、ビジネスチャンスの源泉は何か、理解している。	□	□
2 どのような要因がビジネスチャンスを生みだしているか、理解している。	□	□
3 製品、素材、事業体制、製造工程、市場などを、どのように変えればよいか、理解している。	□	□
4 どのようなイノベーションを適用すればよいか、理解している。	□	□
5 他の人より先にビジネスチャンスを発見するには、どうすればよいか、理解している。	□	□

第3の鉄則

テクノロジーの進化を制する

前章では、テクノロジーの変化がビジネスチャンスをもたらすことを説明したが、これにはまだつづきがある。テクノロジーの変化全般に気を配るのではなく、対処すべき変化を正しく見きわめることが必要だ。したがって、テクノロジー起業家として成功するには、テクノロジーの進化に注目しなければならない。

とはいえ、些細な改善のような、小さな進化に注目してはいけない。下手に事業をスタートしてしまうと、既存企業に太刀打ちできないまま、失敗に追い込まれることになる。成功したければ、大きな進化を追求しなければならない。たとえば、印刷業界が鉛活字によるライノタイプ[1★]からコンピュータ製版によるオフセット印刷に移行したように、ある産業の基本となるテクノロジーが大きく転換するような進化に狙いを定める必要がある。

大きな進化は、既存企業の優位性を足元から崩していく。ベンチャー企業は、ここに狙いを定めよう。既存企業が大きな変化への対応に躊躇する隙を突いて、新規参入することができる。そして、まったく新しいテクノロジーを使って、はるかに優れたビジネスを構築することができるのである。

とはいえ、実際にテクノロジーの進化を制するのは難しい。新しいテクノロジー

1★　欧文用の鋳植機。1行分を1つの活字群として鋳造・植字する

を少しずつ改良しながら、参入のタイミングを計る必要があるからだ。これをうまくやるために、成功する起業家は戦略的に行動する。そのためには、テクノロジーの進化について、以下の特徴をよく把握しておかなければならない。

- テクノロジーの進化のパターンや、パターン外の突然の転換点から生まれるビジネスチャンスについて理解する
- テクノロジー発展のS字型パターンや、それがテクノロジー起業家に与える意味について理解する
- 支配的《ドミナント》デザインの役割や、これが業界内での競争に与える影響について理解する
- 技術標準や、それを新しい製品やサービスに取り込む戦略について理解する
- 収益逓増ビジネスのメカニズムと、その実現のためのアプローチについて理解する

1 テクノロジーの進化のパターン

新しいテクノロジーは、進化しながら発展していく。たとえば、コンピュータ産業では、半導体の集積度を向上させる取り組みが繰り返された結果、マイクロプロセッサがより小さく、より高速になるという進化のパターンをたどった。

テクノロジーの進化の方向を決めるのは科学的、経済的、制度的要因だが、進化のペースは研究によってもたらされる日々の改善にかかっている。科学者やエンジニアは、ある特定の思考パラダイムで研究を行うが、思考パラダイムによって、何を研究の対象とするかが決まるため、イノベーションの発生のしかたも変わってくる。思考パラダイムは、問題そのものに研究者を専念させるという長所があるが、同時に可能性をつぶしてしまうという欠点もある。思考パラダイムに縛られて、問題の解決法を考えるときに、特定の手法をはじめから無視してしまうのである[1]。たとえば、半導体の性能を高めることは、電気工学的な思考パラダイムのもとで扱われているが、生物学的な思考パラダイムのもとでは扱われていない。このため、生物学的な解決策はまったく研究されないことになる。

ところが、こうした進化の流れとはほとんど関係ない場所で、これまでの枠組みを根本的に変えるような変化が出現することがある。たとえば、一九九〇年代に、写真フィルム産業は従

[1] G. Dosi, "Sources, Procedures, and Microeconomic Effects of Innovation." *Journal of Economic Literature*, 26 (1988): 1120-71.

来のフィルムカメラからデジタルカメラへの変化に直面した。同じく、八〇年代後半に、オフセット印刷産業は電算写植機からＤＴＰへ全面的に切り替わった。このように、それまでの流れを断ち切るような突然の変化をとらえて企業を設立すれば、成功する可能性が最も高くなる。

STOP

1 既存のテクノロジーのパラダイムに固執してはいけない。さもないと、新しいパラダイムが登場したときに、チャンスを見つけることができない。

2 科学者やエンジニアの思考パラダイムが変わるところを見逃してはいけない。往々にして、それはチャンスのサインである。

2 フォスターのS曲線

テクノロジーのパラダイムのなかで起きる小さな進化と、パラダイムシフトによる革新的な変化は、S曲線と呼ばれる概念を使って説明できる。S曲線はマッキンゼーのコンサルタント、リチャード・フォスターが開発したもので、テクノロジーの開発に費やされる労力（資金）と、そこから得られる成果の関係を表す。つまり、あるテクノロジーが発展していく様子をS曲線で示すことができる[2]。

新しいテクノロジーを利用した製品やサービスのパフォーマンスは、はじめは非常に悪い[3]。そして、開発に労力が投入されるにつれてよくなっていき、やがて顧客に訴求できるレベルに達する。残念ながら、最初のうちは投入した労力に対して得られる収益はごくわずかなものでしかない。未開拓のテクノロジーを扱うと、問題にぶつかって行き詰まることが多いからだ。それがなかったとしても、進歩のペースは遅い。ある問題を解決しても新たな問題が発生するので、成果を出すには多くの労力が必要となってくる。最終的には何らかのブレークスルーを経て、パフォーマンスは劇的に改善される。このテクノロジーの発展は、そこから得られる収益が減少に転じるまでつづき、やがてペースが落ちる。この一連の動きを示したのが、テクノロジー発展のS曲線である（図1）[4]。

[2] [3] [4] R. Foster, *Innovation: The Attacker's Advantage* (New York: Summit Books, 1986).
『イノベーション——限界突破の経営戦略』リチャード・フォスター著、大前研一訳、TBSブリタニカ、1987年

図1　テクノロジーの発展のS曲線

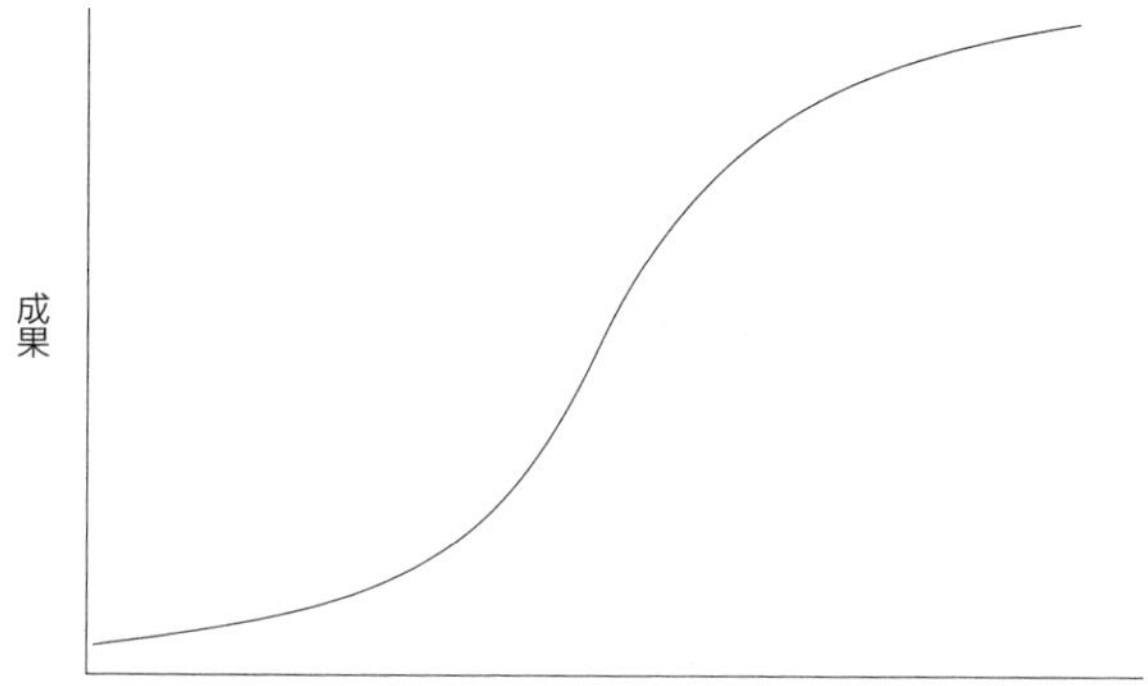

テクノロジーの発展がS字型のパターンを描くという事実は、起業家にとっていくつかの重要な意味を持つ。新しいテクノロジーは、はじめの段階ではパフォーマンスがあまりよくない。売り出し直後の製品やサービスが、既存の競合よりも見劣りするのはこのためである。したがって、新しいテクノロジーだけに頼っていたのでは、最初のうちは既存企業との競争に勝てない。競争に勝つには、資本を確保し、新しいテクノロジーのさらなる開発のために投資して、既存の競合に太刀打ちできるところまで持っていかなければならない。たとえば、IP電話事業では、VoIPテクノロジーが開発されたのは一九九〇年代だったが、それまでの電話サービスに匹敵する性能が出るまでには、さらなる開発が必要だった。この技術を開発した企業は、当初は旧来の電話会社と競争しても勝つことができなかったが、その後、このテクノロジーに投資した多数のベンチャー企業

［図1-出典］R. Foster, *Innovation: The Attacker's Advantage* (New York: Summit Books, 1986)

の努力のおかげで、IP電話は今や従来の電話と競争できるまでになった。
S曲線を見れば、どのタイミングでビジネスチャンスが生まれ、ベンチャー企業が参入して既存企業と競争できるようになるかがわかる。一般的に既存企業は、既存のテクノロジーを少しずつ改善することで、S曲線を押し上げようと努力している[5]。しかし、最終的にはどんなテクノロジーでも収益が減少する段階に到達し、飛躍的な改善を実現することが難しくなる。この段階で、ベンチャー企業が新しいテクノロジーを携えて産業に参入すると、成功する確率が高くなる。1★

S曲線を見れば、新しいテクノロジーに基づいた製品やサービスを世に出すのが起業家であって、既存企業ではないことがわかる。なぜなら、新しいテクノロジーに基づいた製品やサービスは、当初は、既存のテクノロジーに基づいたものより性能が劣るため、既存企業にとっては新しいテクノロジーに切り換える経済的なインセンティブが乏しいからだ。既存企業の経営者は、新しいテクノロジーを既存のテクノロジーと単純に比較して、その切り換えに反対することが多い。また、既存企業は現在のテクノロジーに投資しているため、新しいテクノロジーの採用に対する抵抗感はいっそう強まる。テクノロジーの転換は、二重投資を意味するからである。

さらに、開発されたばかりの新しいテクノロジーは荒削りであり、往々にして既存企業の経営者の目には使い物にならない代物のように映ってしまう。彼らは新しいテクノロジーの可能性を予測できないため、現状維持にこだわってしまうのだ。しかし、長い目で見れば、それは

[5] 前掲書→[2]

1★ (図2) 通常、顧客のニーズを満たすために、ある市場のなかでは競合する複数のテクノロジーがせめぎあっている。ベンチャー企業は、旧テクノロジーから新テクノロジーへ移る「テクノロジーの不連続期」に着目すべきである

図2　テクノロジーの不連続期

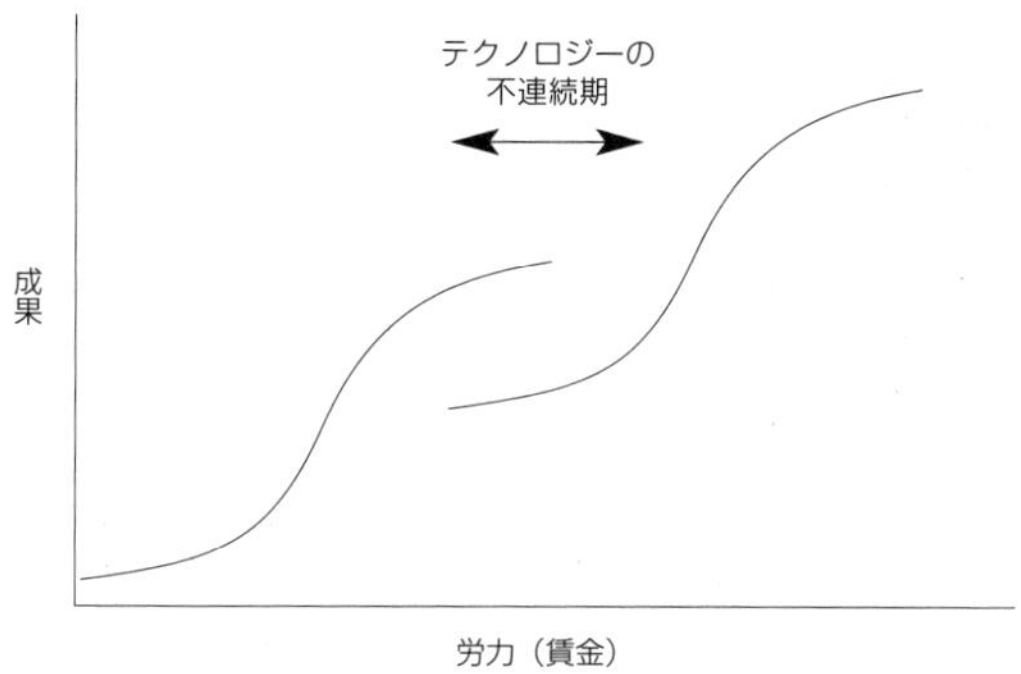

理屈に合わないこだわりといえよう。

最終的に、新しいテクノロジーに価値があるとわかっても、既存企業は、ベンチャー企業と競争する手段として、既存のテクノロジーを改善するという選択肢をつねに持っている。その結果、彼らは新しいテクノロジーの採用に難色を示すので、新しいテクノロジーによる製品やサービスを市場に出すのは、既存企業よりもベンチャー企業であることのほうが多くなるのだ。

産業への参入タイミングは、S曲線を使って判断できる。新しいテクノロジーのパフォーマンスは、直線的に向上するのではなく、S字型の曲線に沿って、はじめはゆっくり、そして途中から加速する。したがって、いつ加速するかがわかれば、参入に適したタイミングを判断できるのである。参入時期が早すぎれば、大手の競争企業よりも優れたテクノロジーを手にする前に、コスト負担が重荷になって、彼らに駆逐されることになりかねない。参入時期が遅すぎれば、他のベンチャー企業が参入してしまい、先行者の優位性を奪われてしまう。
S曲線と市場参入タイミングの問題については、電子書籍のケースが参考になる。ここ何年も、電子書籍は紙の書籍に取って代わると言われつづけてきた。しかし、今日にいたるまで電子書籍のパフォーマンス、すなわち使いやすさや欲しい本の入手しやすさなどは、紙の書籍を上回ってはいないし、改善も遅々として進んでいない。その結果、電子書籍関連企業の多くは財務上のトラブルに陥っている。これは、こうした企業の創業者たちがS曲線のタイミングを見誤ったからである。彼らは市場がまだ成長しないうちに、すなわちS曲線が加速する前に参入したために、競合に対して優れたところのないテクノロジーの重荷を背負いこんでしまった。結果として、紙の書籍と競争できる製品に行きつく前に資金が尽きてしまったのである。

STOP

1 テクノロジー企業を創業する際には、最初から自社製品が既存企業の競合製品と同じくらい優れているなどと期待してはいけない。

2 基盤となるテクノロジーに大きな変化が起きたとき、その産業へ参入するタイミングが早すぎても遅すぎてもいけない。

3 支配的《ドミナント》デザインの役割

テクノロジーの進化のプロセスに対処するために考えておくべきもう一つの問題は、多くの新しいテクノロジーが支配的《ドミナント》デザインに収束していくことである。支配的デザインとは、特定の製品について業界内の企業が採用する共通したデザインのことで、業界内での競争環境に大きな影響を及ぼす[6]。たとえば、自動車の内燃エンジンは支配的デザインのよい例で、現代の自動車メーカーはいずれも内燃エンジンを採用している。かつて、蒸気エンジンに代わるエンジンはいくつかあったが、現在では内燃エンジンしか見ることができない。

支配的デザインの有無は競争戦略に大きく影響するため、起業家は注意すべきだ。テクノロジーは緩やかな変化と急激な発展を繰り返しながら進化していく。変化が緩やかな時期には、業界は一つのデザインで統一されている。急激な発展が起きると、多くのデザインが競争しあい、最終的に支配的デザインへの収束が起きる[7]。

一般的に、ベンチャー企業にとっては、支配的デザインが出現したあとよりも、出現する前のほうが有利である。これは、支配的デザインが現れる前は参入障壁が低く、容易に低コストで企業を設立できるので、リスクも少なくてすむからだ。市場は多数の小規模な競合企業によって細分化されているので、企業は大きく成長するのが難しく、規模の経済に恵まれた企業や、

[6] [7] J. Utterback, *Mastering the Dynamics of Innovation* (Cambridge: Harvard Business School Press, 1994).
『イノベーション・ダイナミクス――事例から学ぶ技術戦略』ジェームズ・M・アッターバック著、大津正和、小川進 共訳、有斐閣、1998年

標準化による生産効率を武器にして競争しようとする企業はほとんどない。したがって、規模の経済にも、ハイレベルの生産効率にも縁のないベンチャー企業は、少なくとも初期の段階では、それほど不利ではない。さらに、支配的デザインが出現する前の段階では、経験を積んだ企業と同じ製品デザインの採用を強いられて企業活動が妨げられるようなことはなく、多様な製品デザインに基づいて競争が発生する。この状況も、ピラミッド型の組織を持たないおかげで、身軽に製品の設計や開発ができるベンチャー企業には好都合である。

しかし、いったん支配的デザインが出現すると、企業はもはやデザインの多様さで競争するわけにはいかず、その代わりにコストで競わなければならない。支配的デザインが存在することによって、規模の経済を利用して製造を効率化できるので、ベンチャー企業は既存企業の優勢な立場に対抗することが難しくなる[8]。その結果、支配的デザインが定着してしまうと、業界は少数の大企業に整理統合される。こうして、業界内で競争をつづける企業の数は劇的に減少する。推計によると、一つの業界におけるピーク時から安定時にかけての企業数の減少率は平均で五二パーセントであり、最高では八七パーセントにも達する[9]。

電気自動車の歴史は、支配的デザインに関する収束の概念をよく物語っている。経営史家のデヴィッド・キルシュによれば、一九〇〇年には、ガソリン動力の車は蒸気や電気で動く車に比べて実際にはそれほど普及していなかったという[10]。電気や蒸気で動く車は、ガソリン動力の車よりも技術的に優れた点が多かったが、旅行用には向かなかったため、人々はガソリン動力の車を好むようになった。やがて、ガソリン動力車の人気が高まるにつれ、自動車メーカーは

[8] 前掲書→[6]

[9] S. Klepper and E. Graddy, "The Evolution of New Industries and the Determinants of Market Structure." *Rand Journal of Economics*, 21 no.1 (1990): 32.

[10] D. Kirsch, *Electric Vehicles and the Burden of History* (New Brunswick, NJ: Rutgers University Press, 2000).

電気や蒸気動力の自動車を次第に作らなくなり、こうした車を作りつづけたメーカーは淘汰されてしまった。結果として、二〇世紀の初期に、自動車産業の支配的デザインがガソリン動力の車に収束し、それ以来このデザインが支配的なものとして留まっている。

支配的デザインはベンチャー企業の業績に重要な意味を持つため、成功する起業家は支配的デザインが現れる理由を理解している。ときには、偶然が重なって支配的デザインに結びつくケースもある。つまり、そのデザインがしかるべき時期にしかるべき場所にあったために、支配的デザインに落ち着くというようなことである。もちろん、偶然性は予測できないので、因果関係をコントロールすることは非常に難しい。しかし、こういうケースがあることも理解しておくことが大切である。

社会的、政治的、組織的な要因が、支配的デザインの成立につながる可能性もある。たとえば、内燃エンジンが自動車の支配的デザインに落ち着いた理由の一つは、人々が自動車を主として旅行に利用したからだ。この社会的な要因が、ガソリンエンジンを電気エンジンよりも優位にした。というのも、電気エンジンには充電が必要で、地方では充電が難しかったからである[11]。このように、社会的、政治的、組織的要因はテクノロジーの支配的デザインへの収束に影響を与えるため、どのように影響するかを理解しておく必要がある。

テクノロジーの性質が、支配的デザインの成立に役立つことがある。たとえば、合成繊維の化学的組成から、長繊維[1★]を作ることができるのはナイロンやポリエステルなどに限られる。その結果、合成繊維の支配的デザインはナイロンとポリエステルになっている[12]。このように、

[11] 前掲書→[10]

1★ 1本の細い糸が途切れずに通っている糸。フィラメント糸ともいう。絹糸の生糸は長繊維である。これに対して、細く短い糸をより合わせて作る糸を短繊維という

[12] 前掲書→[6]

今取り組んでいるテクノロジーの特性を見きわめれば、支配的デザインに収束しそうかどうかを判断できる。

また、支配的デザインには二つの重要な共通の特徴があるので、よく覚えておいてほしい。第一に、支配的デザインは知識の最先端を行くテクノロジーではない。最先端のデザインは、実験的な改良を通じて優れたパフォーマンスを発揮するようになるが、大多数の顧客にとっては信頼性が十分ではなく、使い物にならない。このため、支配的デザインが最先端のテクノロジーであることはめったになく、少数の先進ユーザーよりも大多数の一般ユーザーのニーズを満足させるデザインが支配的になるのである。

第二に、産業を根底から覆すような革新的なテクノロジーも、支配的デザインになることはめったにない。それは、支配的デザインとなるテクノロジーは、テクノロジーが徐々に進化する時期に形作られるものだからである。どんなに革新的なテクノロジーであっても、修正を受けることなく、徐々に進化する時期を通り過ぎるのは難しいのである。

STOP

1 支配的デザインを決定するのは、テクノロジーだけだと思ってはいけない。社会的、政治的、組織的要因が影響することを忘れてはならない。

2 業界内で急激な変化をリードしている新しいテクノロジーが支配的デザインになると思ってはいけない。

4 技術標準を理解する

新しいテクノロジー製品やサービスの多くは、技術標準、すなわち製品やサービスの機能に関して合意された基準を順守しなければならない。技術標準の好例として、電気のコンセントがある。すべての電気製品には、同じ技術標準に適合する差込みプラグがついている。これで、あらゆる電気製品が確実にすべてのコンセントに合うのである。

技術標準は、いくつかの理由で起業家にとって重要である。技術標準となる製品を製造する企業は、信じられないほど成功することが多い。それは、すべての企業がその技術標準に適合するように補完製品を設計しなければならないからだ。その結果、その標準を支配している企業は自社製品で高いマージンを得ることができる。たとえば、ウィンドウズのOSを考えてみよう。世界中のコンピュータの八〇パーセントがウィンドウズを採用しているので、マイクロソフトは高いマージンを得ることができる。

技術標準が成立すると、たとえもっと優れたテクノロジーが現れ、その製品やサービスが発売されても、技術的に劣った従来の製品やサービスが売れることが往々にしてある。標準のタイプライターのキーボードがよい例である。QWERTYキーボード[1★]は、もともとタイピング速度を「遅くする」ために設計された。一八八〇年代のタイプライターは詰まりやすかった

1★　最上段のキー配列が左からQWERTYになっている標準的な配列のキーボード

からである。ところが、一九三〇年代までには、いくつかの優れた設計のキーボードに特許が与えられた。このうちの一つで、ドボラックとディーリーの二人が一九三二年に特許を取ったキーボードは非常に優れたもので、これを使うタイピストの再教育費用は一〇日間で取り戻せるほどだった。しかし、この新しいキーボードが採用されることはなかった。現在では、キーボードの配列を変更するにはコンピュータの設定を一回変更するだけですむが、それでも使われていない。それは、QWERTYキーボードが技術標準だからである。ハードウェア・メーカーやタッチタイピングのトレーナーは、世界中でQWERTYキーボードが使われているかぎりは、誰でもこれに従うものだと考えている。つまり、QWERTYキーボードは彼らにとって補完的な商品になっている。だから、技術的には劣っているにもかかわらず、人々はずっとこのキーボードを使いつづけるのである[13]。

起業家が技術標準の順守を怠ると、大きな問題を引き起こしかねない。顧客は、技術標準を守っている供給業者のほうへ移っていくのが自然だからだ。サン・マイクロシステムズのスコット・マクニーリーのとった行動が典型的な例である。サンは長年、競争相手のチップよりもパワフルだが高価な専用プロセッサを開発してきた。最初のうち、サンはネットワークサーバーの市場で、性能上のニッチ分野を獲得していた。しかし、市場のコンピュータは、ほかの機種と同じようにインテル系のプロセッサに収束していった。その結果、サンは大幅な販売の低下に苦しみ、生き残るために技術標準を採用せざるをえなくなった[14]。

このように、技術標準は起業家にとって重要なので、それがどのように確立されるのかを知

[13] P. David, “Clio and the Economics of QWERTY.” *American Economic Review* 75 (1985): 332-37.

[14] P. Tam, “Cloud over Sun Microsystems: Plummeting Computer Prices.” *Wall Street Journal*, 242 no.76 (2003): A1, A16.

る必要がある。研究によれば、四つの有力な方法がある。

第一に、企業集団が一つの標準の採用に合意することである。これには、業界の有力企業が集まって、全社が使っているテクノロジーを標準と定める場合が多い。たとえば、電気工学のケースでは、IEEE[1★]がこの機能を果たすことを考慮して、多くの標準委員会を設置している。

第二に、政府が標準を強制することがある。たとえば、すべての利用者が支障なく通信できるように、特定の通信規格を使用するよう、政府が通信事業者に命じるような場合である。

第三に、テクノロジー自体が標準策定の動機になることがある。これはテクノロジーがネットワーク外部性[2★]を持っているか、収益逓増[3★]の局面にある場合に起きることが多い。

第四に、起業家の戦略的行動によって、業界の標準化が促進されることもある。

技術標準のために戦略的行動をとるのであれば、「新しい製品やサービスを技術標準にするには、何をすべきか」という質問に答えなければならない。最善の行動は、競争相手に比べて、より早く、より多くの顧客を獲得することに尽きる。その一つの方法は、安い価格で提供することだ。大勢の顧客を確保すれば、補完的な製品やサービスのためにサプライヤーを引きつけることができ、それが自らの製品やサービスをいっそう魅力的なものにする。

この典型例はマイクロソフトで、同社のOSは、競合よりも多くの顧客を獲得しているので、多くのサプライヤーが対応するソフトウェアを販売したがる。そのため、消費者にとっては、

1★　米国電気電子技術者協会：Institute of Electrical and Electronics Engineers

2★　同じ製品やサービスの利用者が多ければ多いほど、その製品やサービスの利用価値が高まること。たとえば、FAXを持っている人が多ければ多いほど、FAXの利用価値は高まる

3★　製品やサービスの利用者が増えるにつれて、利益が増大すること

アップルよりも魅力的なOSになり、ウィンドウズはソフトウェア業界の技術標準になった[15]。

技術標準を獲得するために、補完的テクノロジーのプレイヤーと協力して、顧客にとってさらに魅力的な製品やサービスを提供する方法もある。たとえば、ビデオテープは映画や他の映像コンテンツを記録する際の補完的テクノロジーである。ビデオテープの技術標準にベータマックスではなくVHSが採用されたのは、映画制作者に対して、ソニーよりもVHS陣営のほうが熱心に働きかけたからだ。その結果、手に入る映画はベータマックスよりもVHSのほうが多くなり、VHSが技術標準になることを後押しした[16]。

技術標準になる可能性を高めるもう一つの方法は、販売量を急速に増やすことだ。量の多い製品のほうが技術標準に収束しやすいので、販売量が重要になってくる。そのためには、機能を絞り込んだ廉価版の製品を発売し、早急に大量生産ができるようにすることが必要である[17]。

STOP

1 製品やサービスの開発に際して技術標準の順守を怠ってはいけない。

2 技術標準を作り上げるときに、戦略的活動の役割を無視してはいけない。

[15] [17] B. Arthur, "Increasing Returns and the New World of Business." *Harvard Business Review* (July-August 1996): 100-109.

[16] M. Cusumano, Y. Mylonadis, and R. Rosenbloom, "Strategic Maneuvering and Mass Market Dynamics: The Triumph of VHS over Beta." *Business History Review* 66 (1992): 51-94.

5 収穫逓増ビジネスの進化

かつて、学者たちはすべての事業は収穫逓減の法則に基づくものと考えていた。収穫逓減とは、「生産を増やしていくにつれ、その生産から得られる収穫が減少していく」という意味である。収穫逓減の典型例は鉱業である。最初に石炭や金の鉱脈を採掘するとき、最もコストのかからない鉱脈から始めるので大きな利益が得られる。しかし、時間が経って、石炭や金の産出量が増えるにつれて、掘りやすい資源は枯渇し、残りの埋蔵物を採掘するのにコストがふくれあがり、利益は減る。鉱業、重化学、農業、建設など、多くの産業が収穫逓減型であるのに対して、最近、研究者は多くのハイテク産業が収穫逓増の現象を見せていることに気づいた[18]。

収穫逓増ビジネスは、生産量が増えるにつれて何らかの利益が増える事業である。ソフトウェアは収穫逓増ビジネスの典型例で、製造するソフトウェアの量が増えれば、販売による利益はさらに増えていく。なぜなら、すべてのソフトウェアの製造コストは、実質的に最初の製造単位で吸収されてしまっているからだ。プログラムを書くという初期コストをいったん支出してしまえば、ソフトウェアを書きこんだCD-ROMを追加で製造するコストは微々たるものにすぎない。研究者は、製薬、コンピュータ、電気通信などの知識を基礎にしたテクノロジー事業の多くが収穫逓増型であることに気づいた。

[18] 前掲書→[15]

では、なぜある産業が収穫逓増型で、他の産業はそうでないのか。第一の理由はすでに述べた。先行投資費用が多額で、限界費用[1]が少ない場合、単位あたりのコストは数量が増加するにつれて劇的に低下する。その結果、収穫逓増の現象が姿を現す。薬品製造を例にとろう。新薬の研究と臨床試験には何億ドルというコストがかかる。しかし、その薬品がＦＤＡ[2]の承認を取得した段階では、コストのほとんどは支出ずみである。個々のカプセルを製造するコストは非常にわずかで、製造する薬品の量が多いほど粗利は大きくなる。

もう一つの理由はネットワーク外部性である。ネットワーク外部性とは、「製品またはサービスの価値は、それを利用する人の数とともに増加する」ということである。Ｅメールを例にとってみよう。ほんの一握りの人しかＥメールを利用していなかったときは、多数の人が使っている現在に比べて、そのコミュニケーションのツールとしての価値は非常に低かった。

補完的テクノロジーが重要な位置を占める産業には、収穫逓増の現象が見られる。たとえば、コンピュータのハードウェアとソフトウェアのように、双方が一緒になってユーザーの役に立つような場合、両方のテクノロジーの価値は数量の増加とともに高まる。ブロードバンドのインターネット接続とＩＰ電話の関係を見れば明らかだ。ブロードバンドの利用が普及するにつれて、電話に使用するインターネットの能力が高まり、ＩＰ電話の発展を促進している。

収穫逓増が存在する産業と存在しない産業があるのは、学習効果の違いにもよる。企業がその事業運営を通じて多くを学ぶことができれば、生産量とともに効率も著しく高まる。したがって、企業の生産量が増えれば、そのコストは下がり、利幅も大きくなる。

1★ 生産量を一単位増加させたときの総費用の増加分

2★ Food and Drug Administration：米国食品医薬品局

収穫逓増の存在の有無はまた、その産業における乗り換えコストが高いかどうかによる。ある製品やサービスを他に乗り換えるコストが高くつくなら、顧客は現在使っている製品やサービスに「ロックイン」され、現在の製品やサービスを使いつづけて満足しているだろう。顧客が乗り換えなければ、その製品やサービスを提供する企業にとってはプラスになる。

成功する起業家になるには、収穫逓増を理解することが重要である。なぜなら、収穫逓増の産業で会社を始めるのと、収穫逓減の産業で始めるのとでは大きな違いがあるからだ。収穫逓増の産業では、先行者の優位性、すなわち市場で最初の製品やサービスを供給することによる利益が非常に重要である。最初に多数の顧客を抱えこむ企業は、そうでない企業よりもコストを下げられるので、初期の成功が、のちの成功にもつながることが多い。

たとえば、イーベイはインターネットでオークションを展開した最初の企業の一つだが、初期の顧客を抱えていたことで他の人々も魅力を感じて、イーベイで品物を売りはじめた。なにしろ、ほとんどの顧客はすでにイーベイを訪れた経験があったのである。こうして、イーベイはほかのオークションサイトより高いマージンを手にして、競争に打ち勝つことができた。

収穫逓増の産業では先行企業になることが非常に重要であり、最も優れたテクノロジーが現れるまで待つことは有効な戦略とはいえない。テクノロジーを完全なものに仕上げ、競争相手よりも優れた品質にするまで進出を控えていると、多くの問題を抱えることになる。この分野の事業では、最も優れたテクノロジーが勝つとは限らない。他社の製品から乗り換えるほどの価値がなければ、顧客は優れたテクノロジーが紹介されても、それに劣るテクノロジーの製品を利用しつづけるだろう。適切な戦略としては、どんな製品を使ってでも素早くマーケットを押さえ、事業をつづけながら製品の改良を試みることである。

これが、ソフトウェア産業における標準的な運営スタイルになっている。この産業で最大の成功を収めようとする起業家は、ソフトウェアが収穫逓増ビジネスであり、競争相手の製品に乗り換えるのが非常に高くつくことを知っているからこそ、改良の余地がまだ相当あるにもかかわらず、ベータ版という形で製品を発表する。その後、彼らは事業を運営しながら、時間をかけてソフトウェアを改良する。

収穫逓増の産業における起業家の戦略は、収穫逓減の産業における起業家のものとは異なっているが、それは顧客をロックインすることの重要性の違いによる。利益は販売量とともに増加するため、顧客のロックインが利益を高めるうえで重要となってくる。

顧客をロックインする一つの方法は、「剃刀《かみそり》モデル」である。これは、初期の安全剃刀の会社がとった戦略で、剃刀を製造コストに近い値段で販売し、替え刃の販売ですべての利益をまかなうというものだ。顧客は、最初に購入した剃刀に付いていたのと同じ替え刃にロックインされる。最初に仕組まれた製品を買ってしまえば、部品の値段が競争相手より高くても、顧客は仕組みそのものを変えずに、その仕組みにそった部品を買って満足しているものだ。

最も優れた戦略は、これから売り出す新製品が、あらかじめ買っておく本体部分と、時間が経てば何回も買わなければならない部品から成り立っているなら、顧客を引きつけるために本体部分を安い値段で売ることだ。顧客をロックインしたら、頻繁に買わなければならない部品を高いマージンで売ることができる。この典型例が、ビデオゲーム・メーカーの戦略だ。ほとんどのビデオゲーム機は製造コストに近い値段で売られているが、そのゲーム機用のソフトウエアのマージンは大きい。顧客が特定のゲーム機を買ってしまえば、他のゲーム機に乗り換えるのは高くつくので、ビデオゲームのメーカーはゲームソフトを高く売ることができる。

この戦略の要点は、本体部分を安い値段で販売することだが、これには二つの理由がある。

第一に、ほとんどのテクノロジー製品は不確実で、顧客は使ってみるまで製品の価値がわからない。したがって、顧客に製品の仕組みを試してもらって、価値をわかってもらうために、安い価格が必要になる。

第二に、ほとんどの顧客は近視眼的である。彼らは一般に、長期にわたっていくつの製品を買うことになるのか過小評価しがちで、その製品の価値が不確かな最初のうちは特にその傾向が強い。その結果、彼らは必ずといってよいほど、高価な本体と安価な買い替え部品の製品ではなく、安価な本体と高価な買い替え部品の製品を選ぶ。そのほうが安いと考えるからだ。

収穫逓増の産業で、もう一つ重要な戦略は、補完的テクノロジーが確実に発展するような行動を起こすことだ。結論からいえば、収穫逓増の産業ではシステム開放戦略が非常に有効に働く。自分のテクノロジーを他人に開放することで、補完的テクノロジーの開発者にどのような製品を開発すればよいかを理解させることができる。当然、補完的テクノロジーが手に入る可能性は高まり、そうなれば収穫逓増をもたらす。

また、戦略的パートナーを開拓することも有効だ。企業は、他の企業と生産委託契約を結ぶことで、自分で生産するよりも速く製品やサービスをマーケットに出すことができる。収穫逓増ビジネスでは、大量生産と先行企業の優位性が大きな利益をもたらすので、この戦略は非常に効果が高い。ソフトウェアなどの産業では、ベンチャー企業の多くがインターネットで仕事をするバーチャル企業であり、彼ら自身では生産設備を持たず、自社のソフトウェアを作らせるために、他の企業にライセンスを与えたり、戦略的提携を結んだりしているが、これにはこうした理由があるからである。

もう一つの戦略は、大きな賭けに出ることである[19]。これにはいくつかの理由がある。この種の産業で成功するには、利益は二の次でまず顧客を確保することが先決であり、企業には多額のマイナスのキャッシュフローが発生する。したがって、この産業は事業に相当な金額を賭ける懐の深い投資家を必要とする。

収穫逓増ビジネスを小さく始めてよい理由など見つからない。テクノロジーが収穫逓増のビジネスチャンスを与えてくれるとすれば、大量生産に大きな価値がある。結論からいえば、この産業では小規模で始め、独力で進めることは有効な戦略とはいえない。小規模でスタートすれば、成功の要である先発企業としての優位性を見逃し、多数の顧客を囲い込むビジネスチャンスを失うことになりかねない。したがって、収穫逓増ビジネスでは、最初から巨額な投資をする必要がある。

収穫逓増ビジネスは、勝者一人勝ちのビジネスである。最も成功を収めた企業は、競合他社に比べて、ずっと安価なコスト構造を持つので、事業が自然に独占の方向に向かい、最も成功

[19] 前掲書→[15]

した企業の製品が事実上の技術標準になる。かくして新しいベンチャー企業は、マーケットを支配して高い利潤を稼ぐことになるか、さもなければ失敗するかのどちらかになる。

当然のことだが、この事業は気の弱い人向きではない。マーケットを支配しようとして多額の投資をする事業は、他の事業よりリスクが大きい。ベンチャー企業は失敗する可能性があり、より多額の投資を行えば失敗したときの損失もそれだけ大きくなる。したがって、収穫逓増ビジネスで成功するには大きな賭けに出ることが重要だが、危険なことに変わりはない。実際に、インターネットによる食品雑貨配送を試みたウェブバンは、起業家と投資家が収穫逓増ビジネスでベンチャー企業を始めるときに直面するリスクの大きさを示している。この会社の投資家は、事業が失敗したときに何億ドルという資金を失ったのである。

STOP

1 収穫逓増ビジネスで、収穫逓減ビジネスの戦略を採用してはいけない。

2 小さな規模で収穫逓増ビジネスのチャンスを活かそうとしてはいけない。

まとめ

第3の鉄則 テクノロジーの進化を制する

テクノロジーの発展は進化のパターンをたどるが、科学者とエンジニアは、問題解決を最も一般的な枠組みのなかでしか行っていない。だが、ある時点で、基本的な枠組みを急激に転換させる新たなテクノロジーが出現する。この急激な転換は、うまく対応できれば、起業家にとっては業界参入の、またとないチャンスとなる。

テクノロジーの進化を制するには、まずフォスターのS曲線を理解する必要がある。S曲線は、はじめはテクノロジーが学習段階にあるため、そのパフォーマンスがゆっくりと改善されることを示す。その後、飛躍的な発展期を迎え、テクノロジーは劇的に進歩する。最終段階では、収穫逓減の法則が始まって、進歩が遅くなる。この時点で、新しいテクノロジーが現れ、新たなS曲線への移行につながることが多い。

フォスターのS曲線は、テクノロジー起業家にとっていくつかの意味を持つ。新たなS曲線への移行を企てるのは、移行のメリットが少ない既存企業ではなく、たいていはベンチャー企業だ。一般に、新しいテクノロジーの性能は、従来からのテクノロジーに比べて最初のうちは劣っているので、その時期、ベンチャー企業は既存企業との競争に非常に苦労する。ベンチャー企業にとって、参入タイミングはきわめて重要だ。参入が早すぎると、競争しようにも武器となる新しいテクノロジーが進歩しきっていないし、参入が遅すぎると、他の起業家にビジネスチャンスを奪われることになる。

また、支配的デザインと、それが業界におけるベンチャー企業と既存企業の競争にどう影響するか理解しておく必要がある。支配的デザインが定着したあとよりも、定着する前のほうが、ベンチャー企業には有利である。その理由は、支配的デザイン不在の時代には、参入障壁は低く、製品同士の競争が熾烈で、学習曲線の効果は限られ、効率性はそれほど重要ではなく、ピラミッド型組織は効果を発揮しないからだ。これらのすべては、既存企業よりもベンチャー企業に有利に働く。

さらに、技術標準の役割を検討する必要がある。技術標準は、企業同士の合意、政府の介入、テクノロジー自体の特性、起業家の戦略的行動などによって成立する。自社の製品を技術標準として世間に認めさせれば起業家は莫大な収益を得るので、成功する起業家はその製品を技術標準にするために、次のような特定の戦略的行動を起こすことが多い。すなわち、低価格の採用、自社の新しい製品やサービスが補完的テクノロジーとともに効率よく機能する施策の展開、簡易版の製品の投入などである。

最後に、収穫逓増ビジネスと収穫逓減ビジネスの発展のパターンの違いに対処することがきわめて重要になってくる。その事業が収穫逓増性を持つのは、「先行投資の費用が限界コストに比べて高いとき」「ネットワーク外部性が存在するとき」「製品やサービスの効果的な使用のために補完的なテクノロジーが重要な役割を果たすとき」「製造者の学習効果が高いとき」

「乗り換えコストが高いとき」だ。収穫逓増の条件がある場合、「先行企業の優位性を獲得すること」「補完的テクノロジーの開発者を早い時期にパートナーとすること」「積極的な賭けに出ること」が、戦略として重要である。

自己診断

1. 参入を検討している産業は、テクノロジーの変わり目に直面しているか。 □YES □NO
2. その産業のテクノロジーの進歩の速度は、速いか。 □YES □NO
3. その産業では、支配的デザインや技術標準はすでに現れているか。 □YES □NO
4. もしまだなら、自社の製品を支配的デザインや技術標準にする可能性があるか。 □YES □NO
5. 参入しようとしている事業は、収穫逓増ビジネスか。 □YES □NO
6. 収穫逓増ビジネスなら、どうすれば資本金を集め、ビジネスを立ち上げることができるか。 □YES □NO

第4の鉄則

本当の市場ニーズを発見し、それを満たす

ハイテク企業を創業し、成功させるには、顧客のニーズを競合他社よりもうまく満足させるような製品やサービスを開発し、コストを上回る価格で売り出さなければならない。理屈では簡単そうに思えるが、実際は難しい。まず、顧客の「本当の」ニーズを発見し、従来とは異なる方法で、あるいは競合他社よりもはるかに優れた方法で、そのニーズを満足させる製品やサービスを提供する必要がある。

新しい製品やサービスの内容を決めるには、顧客の嗜好を見きわめなければならない。新しいテクノロジー製品やサービスの多くは、新しい市場を生みだしたり、既存の市場を大きく変えたりするため、このプロセスは非常に難しい。一般によく知られているフォーカスグループ[1★]やアンケートといった市場調査の手法だけでは十分ではない。これを上回るような取り組みが必要だ。

起業家は、新しいテクノロジー製品やサービスを、どのように価格設定し、いかに販売すべきかを理解しなければならない。新しいテクノロジーは、どうすれば受け入れられるのか。そのためには、潜在顧客がどのように購買の意思決定を下すのかを学ぶ必要がある。また、広告やブランドに頼るのではなく、対面販売のテクニックをいかに効果的に使うかを学び、正しく価格設定しなければならない。

第4の鉄則では、これらのテーマについて説明する。まず、新しい製品やサービスに対する本当のニーズを発見することから始めよう。

1★　顧客の意見を直接収集するため、ターゲット属性に合致するグループを抽出し、討議の内容を聴取・分析する方法

1 本当のニーズを発見する

成功するテクノロジー起業家は、顧客の「本当の」ニーズを満足させる新しい製品やサービスを提供する会社を立ち上げる。これは、わかりきったことのようだが、間違いなく実行しなければならない。ほとんどのテクノロジー起業家は、顧客の本当のニーズを満足させる新しい製品やサービスを提供しているとはいえない。その結果、彼らの企業はわずかの売上げしかあげられず、行き詰まってしまう。

では、顧客が本当にその新しい製品やサービスを求めているかどうかは、どうすればわかるのだろうか。それには、次のような初歩的な質問に答えればよい。顧客は、「他のどんな製品やサービスも解決していないような、未解決の課題を抱えていないだろうか」。もしそのような課題があるのなら、そこに本当のニーズがある。たとえば、高血圧症を識別するための非侵襲性の家庭用血圧計は、医療検査における本当のニーズといえるだろう。現在のところ、高血圧症を自分で診断し、重症にならないうちに治療できる方法はない。

次の質問は、「顧客の課題を解決するために、既存の製品やサービスよりも著しく優れた解決方法があるか」というものだ。顧客が重要だと思っている点について、競合よりも著しく優れた方法で解決できるなら、ここにも本当のニーズがある。ここで「著しく」という言葉を使ったことに注意してほしい。新しい製品やサービスが既存の代替品よりも多少はよいという程度では、本当のニーズが存在するとはいえない。変化を受け入れるために、人は非常に高いハードルを要求する。少しくらいのメリットでは認めてくれない。たとえば、燃費が倍になる自動車エンジンは本当のニーズを生むといってよい。しかし、燃費が一パーセントしか改善しないエンジンでは、認めてもらうことはできないだろう。

ここから推察できるように、新しい製品やサービスの発売に成功するためには、顧客が抱える問題からスタートするのが早道である。また、未知の問題よりも、周知の問題を解決する道を探すほうがずっと容易なことはいうまでもない。成功するテクノロジー起業家の多くはこれを知っていて、そのとおり行動する。彼らは、潜在顧客に目を向けて、その人たちが抱えている未解決の課題や、うまく解決されていない課題の手がかりを探すことで、新しい製品やサービスを考え出す。[1★]

未解決の課題があることを示す手がかりは、潜在顧客が与えてくれることもよくある。最もよい手がかりは、顧客の苦情である。苦情は、潜在顧客が現状に不満であることを教えてくれる。たとえば、保険会社の代理店職員のケースを考えてみよう。彼らは、新しい顧客の運転履歴を調べるために使っているソフトウェアが使いづらく、不正確であることに不満を持っている。同じような苦情が何件も寄せられるのであれば、よりよい解決策を求めるニーズが存在していることがわかる。

もう一つの手がかりは、満たされていない願望が表に出ることである。これによって、方法

1★ ビジネスのヒントを扱うサイト「百式」を運営する田口元氏は、「起業のネタは日常の諦めている不便利から」と提唱している

さえあればこれまでと何か変わったことをしてみたい、と顧客が考えていることがわかる。満たされていない願望のよい例は、多くの人が宇宙空間で休暇を過ごしたいと思っていることである。これは、「宇宙での休暇」を提供する方法を考える起業家にとって、満たされていないニーズの根拠となるだろう。

STOP

1 顧客の本当のニーズを満足させない事業を始めてはいけない。

2 どんな新しい製品やサービスを必要としているかについて、潜在的な顧客が教えてくれる手がかりを無視してはいけない。

2 本当のニーズを満たす

もちろん、顧客のニーズを発見することは、顧客の本当のニーズを満たすプロセスの一部にすぎない。次にやるべきことは、これを満たす製品やサービスを考え出すことであり、それができなければ、起業家にとっては何の意味もない。

したがって、本当のニーズを発見したら、そのニーズを満たす製品やサービスを開発しなければならない。前述の宇宙旅行の例でいえば、どんな方法で人々を宇宙空間に連れてゆくか、具体的に計画する必要がある。NASAのスペースシャトルの座席を借りるのか、自前の宇宙船を作るのか。また、宇宙船を作るとすれば、ロケットなのか、飛行機のような乗り物なのか。宇宙旅行ビジネスで顧客のニーズを満たすためには、こうしたことを考える必要がある。

STOP

1 顧客のニーズを満たす製品やサービスを開発できないなら、そのビジネスチャンスを追い求めてはならない。

2 顧客のニーズをどのように満たすのか自問することを怠ってはいけない。

3 顧客の嗜好に関する情報を収集する

顧客ニーズを満足させる製品を企画するには、顧客の嗜好に関する詳しい情報を集めなければならない。これは簡単に思えるかもしれないが、実際にはそうではない。既存の製品やサービスをさらに改良するために顧客の嗜好を見きわめるのとは違って、新しい製品やサービスを作ろうとする際に顧客の嗜好を見きわめるのは難しい。フォーカスグループやアンケートのような通常の市場調査の手法は通用しない。起業家が得意とするような、まったく新しい製品やサービスを発売する際には、流行や潜在的顧客獲得のパターンを予測する必要がある。

ハーバード・ビジネススクールのドロシー・レオナルド教授は、これについていくつかの理由を提示している。新しい製品がまったく新しいものであれば、顧客は自分がその製品を必要としているかどうか、わかっていないかもしれない。顧客には本当のニーズがあるのだが、ただ自分ではそのニーズをよく理解できない、あるいは起業家にそのニーズをはっきりと説明できないことがある[1]。

この現象の典型例が、インターネット・ショッピングのニーズである。インターネットが最初に開発されたとき、それが自分たちの買い物にどう役立つのか、誰もまったく想像がつかなかった。そのため、初めのうち起業家は、顧客のニーズに関する情報を集めるときに、自動車

[1] D. Barton, *Commercializing Technology: Imaginative Understanding of User Needs* (Boston MA: Harvard Business School Note 9-694-102, 1994).

や衣服をインターネットで買うかどうかについて調査することなどできなかった。当時、誰もオンライン・ショッピングをしたいという理由など思いつかなかったし、そもそもオンライン・ショッピングという概念が何を意味するのかさえ知らなかった。

まったく新しい製品やサービスについて、誰が本当の顧客となるのか見当をつけるのは難しい。たとえば、レーザーの場合、このテクノロジーが最初に発見されたとき、どのような市場に生かせばよいのか誰にもわからなかった。事実、レーザーを発見したIBM社の特許弁護士は、社内で誰も応用法を思いつかなかったので、特許の取得をやめたほうがよいと勧めたほどだ。もちろん今では、レーザーはCDからスーパーのバーコードリーダーにいたるまで、さまざまな形で幅広く利用されている。

また、非常に斬新な製品やサービスは、その概念を伝えるのが難しい。複写機の発明がその例である。このテクノロジーをゼロックスの前身であるハロイドが最初に開発したとき、同社は潜在的な顧客が興味を示すかどうかを見きわめるのに苦労した。当時、図書館や大学、事務所などにある書類を機械的にコピーすることなどまったく考えられなかった。そのため、この会社の創業者たちが、製品のコンセプトについて、のちにそれを使うことになる顧客と話し合うことなど事実上不可能だった。潜在的な顧客にとっては、自分たちがこの製品に対するニーズを持つことになるとは思いもよらなかった。彼らが、自分たちが書類を複写するという問題を抱えていて、複写機がそれを解決できるということを本当に理解したのは、ずっとあとになってからである。

新しい製品やサービスは、その商品コンセプトを伝えたり、発売することによって起こる不確実性をコントロールすることが難しい。このため、顧客の嗜好に関する情報を収集するプロセスは、既存の商品やサービスに比べて大きく異なる。すなわち、成功する起業家は、情報収集に関する基本的な考え方と、手法そのものが違っているのである。

新しい製品やサービスに関する不確実性および情報伝達の難しさを考えると、それがまったく新しいものである場合、顧客の嗜好を探り出すには、直感と想像に頼る必要がある。顧客のニーズに本当に合致しているかどうかを見きわめるために、その製品がどのような状況で使われるかを理解しなければならない。したがって、成功する起業家は、顧客のニーズを見つけ出し、そのニーズを満足させる製品やサービスを開発するために、フォーカスグループやアンケートによる情報収集ではなく、顧客との深いかかわりあいに頼ることが多い。

STOP

1 新しい製品やマーケットの情報を集めるために、既存の製品やマーケットのために企画された市場調査の手法を使ってはいけない。

2 まったく新しい製品やサービスのマーケットを見きわめる場合に、直感に頼ることを恐れてはいけない。

4 新しい市場調査の必要性

成功する企業家にとって、新しい市場調査はとりわけ重要である。なぜなら、これまでにない、非常に革新的な製品やサービスを世に問うことになるからだ。成功する起業家は、ちょっとした改良を加えればすむような、既存の製品やサービスを扱っているわけではない。したがって、顧客の嗜好に関する情報を集める努力は、すべて新しい製品やサービスに振り向けられなければならない。

〈第5の鉄則〉で詳しく説明するが、テクノロジー起業家にとって追求すべき最高のビジネスチャンスは、新しくて未知の需要を抱える市場である。このような市場では、既存企業の優位性と能力が最小限になるからである。既存企業が持っている優位性、たとえば学習曲線による効率性を備えているとか、築き上げた強みがあるとかいったようなことは、市場が新しければほとんど問題にはならない。その結果、起業家にとっては、フォーカスグループやアンケートという従来の市場調査の手法がほとんど機能しない市場で、新しい製品やサービスを売り出すのが最も有利になるのである。

さらに、このような状況こそ、既存企業が顧客の嗜好について正確な情報を得ることが最も難しい。なぜなら、既存企業が得意とする大規模な市場調査を不確実なビジネスチャンスに対して実施しても、結果は不正確で役に立たないからである。したがって、このような方法に頼らない起業家にとっては有利な状況になるのである。

STOP

1 顧客から情報を集めるために、従来の市場調査の手法が最も適しているようなビジネスチャンスに手を出してはいけない。こうした場合、情報収集において既存の大手企業に対抗することはできない。

2 誰も今まで聞いたことがない製品やサービスに関する情報を集めるという点では、あなたも既存企業と同じくらい優秀だということを忘れてはいけない。

5 絶対に必要なもの、あるとよいもの、不必要なもの

本当のニーズの発見で最も難しいのは、「顧客が絶対に必要とするもの」「あるとよいもの」「不必要なもの」を見分けることである。たいていの場合、顧客は自分の嗜好について起業家に山ほど情報を与えてくれるので、これらを「絶対に必要なもの」「あるとよいもの」「不必要なもの」に区別する必要がある。

例として、除菌用ハンド・ローションについて考えてみよう。このローションは、細菌を殺すことが絶対に必要である。もし大腸菌が駆除できないなら、何の役にも立たない。このローションがただみたいな値段であれば申し分ないが、実際にはそこまでする必要はない。少々の値段であっても、顧客は買うだろう。ローションを容器に充填するのにどんなメカニズムを使うかは、顧客のニーズには関係ない。

除菌用ハンド・ローションに対するニーズを満たすためには、細菌を殺す何かを混ぜる必要がある。それが石鹸より安い値段になればよいのであって、消費者の目からすれば、どのように薬品を容器に入れるかには関心がない。このように、成功するテクノロジー起業家は、製品に対する嗜好を分析して、どういう特性が顧客のニーズを満たすのかを解明しなければならないのである。

時には、「必要なもの」「あるとよいもの」「不必要なもの」が、マーケットのセグメントによって異なる場合がある。そういう場合は、マーケットを細分化し、セグメントごとに違った製品を開発する必要がある。たとえば、あるセグメントでは、除菌用ローションの容器の色はまったく重要でないかもしれないが、別のセグメントでは、特定の色が絶対に必要だということになるかもしれない。この違いは、製品は黒一色でよいグループと、違う色を要求するグループの二つにマーケットを細分化する必要があることを示している。黒一色の容器の製品の価格のほうが安ければ、その細分化は重要である。なぜなら、黒だけで統一できれば、顧客にとって「あるとよい」要素、すなわち安い価格を提供することができるからだ。

もちろん、複数の製品とマーケット細分化を示す顧客のニーズ情報は、よいことづくめではない。創業したばかりの時期に、同時に複数の製品の開発とその販売活動の準備を整えることは、コストがかかりすぎて無理かもしれない。また、個々のセグメントだけでは市場が小さすぎる場合、そのセグメントだけに供給する製品を、コストを費やして開発するのは妥当性を欠く。したがって、顧客ニーズに関する情報と絶対にこたえる必要がある嗜好を見きわめることにより、そのビジネスチャンスを追求してもコスト効率が悪いだけだ、という結論になるかもしれない。

利益を確保する

顧客の本当のニーズを満たす製品やサービスの開発が可能だという答えが出たら、次のステップは、その製品やサービスの利益を確保しつつ生産できるかどうかを判断することである。これは非常に高いハードルで、乗り越えることができない起業家も大勢いる。新しい製品やサービスを発売して利益を上げようと思えば、その製品やサービスを買ってもらえる値段を下回るコストで生産する必要があることはいうまでもない。残念なことだが、顧客ニーズの解決法になりそうな有望なアイデアを考えついても、その製品やサービスを開発して儲ける方法が考え出せない起業家が多い。さきほどの宇宙旅行の例でいえば、人が宇宙へ行くためなら喜んで出そうとする価格よりも安い値段で、人間を宇宙へ送り込む方法を考えついた起業家はまだいない。その結果、宇宙旅行会社を設立した人もいない。そんなことをすれば、お金を失うために会社を作るという結果にしかならない。[1★]

厄介なことに、顧客ニーズを満たしながら利益を確保するためには、二つの対立する考え方のバランスをとらなければならない。起業家は、顧客ニーズを満たしながら利益を出せるような取引を作り出さなければならないのである。どの取引をとっても損失が出るのであれば、取引を増やそうと規模を拡大しても損失が拡大するだけで、結局は破産してしまう。一九九〇年代に設立されたネット・ベンチャー企業の多くは、この問題に苦しめられた。こうした企業を設立した起業家は、個々の取引で利益を上げることのできるビジネスモデルを考え出すことができなかった。したがって、規模の拡大は多額の損失という結果を招いただけだった。

さらに厄介なのは、ほとんどの事業で、売上高のレベルが変われば個々の取引の収益性も変わってくることだ。これについては次の鉄則で詳しく述べるが、多くの事業には、規模の経済、

1★ 2005年現在、民間の宇宙旅行サービスを目的とした企業は、英ヴァージン・グループのヴァージン・ギャラクティックや、アマゾン・ドット・コムの創業者ジェフ・ベゾス氏のブルー・オリジンなど、数社が存在する

収穫逓増の法則、もしくは多額の設立費用といった問題が関係している。その結果、多くの起業家は、初期の取引では必ず損が出るが、大口の注文が入るようになれば利益が出るだろうと考えてしまう。これは、起業家になることの難しさを物語っている。人は生産量が増えれば儲かる取引ができると考えがちだが、それを可能にする企業の能力があるとは限らないし、あったとしても、利益をあげるだけの規模の事業に育てるために必要な資金を十分確保することは、かなり難しい。

STOP

1 顧客の嗜好を、そのニーズを満たすために「必要なもの」「あるとよいもの」「不必要なもの」に分類せずに、製品やサービスの開発をしてはいけない。
2 販売しようとする価格以下のコストで製品やサービスを開発する方法を考案することを忘れてはいけない。
3 単にたくさん売れれば儲かると考えてはいけない。少なくとも、いくつかの取引で儲ける方法を見つけなければならない。

6 競合よりも優れた代替品を提供する

次のステップは、自分が開発したものよりも優れた代替品を提供している競合が、誰一人いないことを確認することである。競合よりも優れた内容でなければ、競争の激しい市場での販売に苦労する。これでは成功を手に入れることはできない。

競合よりも優れた製品やサービスを開発することは、思っているよりもずっと難しい。これには二つの理由がある。

第一に、起業家は、実際はそうでもないのに、自分のアイデアが競争相手よりも優れていると思い込んでしまうことが多い。起業家は、新しい企業の設立という難しい仕事に取り組むというモチベーションを維持するために、過剰なまでに楽観的になることを強いられる。しかし、過剰に楽観的であることが、起業家が自分の製品やサービスを現実的に見つめるうえで障害となる。このため、新しい製品やサービスを発売するときには、思い違いをしないように細心の注意をはらう必要がある。もっと正確にいえば、自分のアイデアの長所と短所を公正かつ冷静な目で評価し、それが実際に競合よりも優れていることを確認しなければならない。

第二に、近い将来に発売が予定されているが、まだ市場に姿を見せていない段階で、競合製品の存在を知ることは難しい。多くの人が同じ時期に、同じテクノロジーを開発しているが、お互いに他の人が自分よりも優れた解決法を発見したかもしれないことに気づいていないことが多い。

たとえば、ほぼ同時期に、多くの起業家がインターネットによる食品雑貨の配送事業を始めたことがあった。このうち、最もよいサービスを提供できたのが一社だけであったことはいうまでもない。しかし、その多くは、他の人が自分たちよりも優れた配送サービス業を始めようとしていたことを知らず、結果的には競合に劣る会社を設立してしまったのである。

顧客のニーズを満たすために、競合が存在していることを知るにはどうすればよいのだろうか。最もよい方法は、人脈を利用して、競合になる可能性のある相手、特にまだ姿を見せてない相手の情報を集めることである。ベンチャーキャピタリストや潜在的な顧客、その他の人たちと会話することによって、こうした情報が得られることが多い。

しかし、情報通の人たちと話すだけでは十分ではない。成功する起業家は、彼らが話す内容を注意深く聞かなければならないことを知っている。彼らは、フィードバックをくれる際に、ほかにもっと優れたアイデアを持つ人の存在をほのめかすことがある。そのようなときには、自分の製品やサービスを改善して、競合よりも優れたものにしなければならない。さもなければ、新しい製品やサービスを売り出すことは諦めたほうがよい。

STOP

1 実際にはそうでないのに、あなたの新しい製品やサービスが競合よりも優れていると思い込んではいけない。

2 あなたの新しい製品やサービスが、競合よりも劣っていたら、事業を始めてはならない。

3 他の起業家が今にも発売しようとしている新しい製品やサービスへの対策を練ることを怠ってはいけない。

7 マーケティングと販売のプロセスを理解する

テクノロジー起業家として成功するには、新しい製品やサービスのマーケティングと販売の方法を熟知している必要がある。そのためには、二つの重要なコンセプトを習得しなければならない。それは、対面販売の手法と、新しい製品やサービスに対する価格設定である。

対面販売の重要性

「よい製品はひとりでに売れる」といわれるが、ほとんどの新製品はひとりでに売れるものではない。したがって、成功するテクノロジー起業家になりたければ、いかにして人に売るかを考えなければならない。これは「言うは易く、行なうは難し」である。実際には、効果的な対面販売のスキルを身につけるのは、かなり難しい。ほとんどの起業家は、既存企業の出身者である。そこでは、製品やサービスに対する顧客の興味を引くのに、ブランドの知名度や広告の仕組みに頼っていたのである。その結果、新しいテクノロジー企業を発足させると、広告や流通、その他のマーケティング手段にばかり注目してしまう。しかし、この種の販促活動は、創業したばかりのベンチャー企業には、さして重要ではない。はじめは、起業家が自分自身で潜在顧客に直接売り込むべきだ。こうした努力が、マーケティングで成功するための大きな原動力となるのである。

新しい製品やサービスを効果的に売るためには、「有望と思われる潜在顧客の興味を引く」ことが必要だ。新しい製品やサービスが、彼らのニーズを満たすか、彼らが抱えている問題を解決するということを気づかせるのである。たとえば、優れた在庫管理のソフトウェアを開発したとすれば、産業見本市で説明会を開いたり、見込み客と会合を持ったりすることで、顧客の興味を引くことができる[2]。

次のステップは、その製品やサービスを買うためには、「どのような条件が必要なのかを顧客に尋ねる」ことである。たとえば、さきほどの在庫管理ソフトウェアの例では、経理部門の会計ソフトウェアとのインターフェースが必要か、このシステムをウィンドウズＸＰで使う必要があるか、といった質問である。顧客に買ってもらうための具体的な条件を知ることによって、製品やサービスのどういう点が顧客に買う気を起こさせるかを特定することができる。

顧客が要求する条件が発見できたところで、次は「顧客の買う気を妨げている問題点を解決する」必要がある。たいていの人は、新しい製品やサービスを買う前に、いくつかの質問をしてその答えを聞いたり、改善が必要になりそうな難点を指摘したりするものだ。実際に買ってもらうためには、こうした質問に対して説得力のある答えをし、また問題点の指摘には十分な情報や証拠を提供しながら応対して、顧客に安心して購買に踏み切ってもらうようにしなければならない[3]。たとえば、在庫管理のソフトウェアを販売する場合には、このソフトウェアはウィンドウズ上で問題なく稼動することを納得させて、顧客に進んでその製品を買ってもらう

[2] [3] A. Bhide, *Selling as a Systematic Process* (Boston, MA: Harvard Business School Note 9-935-091, 1994).

ようにしなければならない。

次のステップはきわめて大切で、「取引をまとめる」ことである。顧客が買いたいそぶりを見せたら、買う気が失せないうちに、直ちに取引をまとめる必要がある[4]。実際にどうするかというと、いったん顧客がその製品を気に入った様子を見せたり、その製品のこういうところ好きだと言ったりしたら、取引をまとめる方向へ話を持っていく。通常は、まるで顧客がすでに購買に同意したかのような質問をして、取引をまとめるのである。たとえば、「製品の色は、赤か青のどちらにしますか」といったような質問がよい。このような質問は、買い手にとって残る判断は色の選択だけだとほのめかし、意識を契約の締結に集中させることになる。

どのように売るかを知ることは重要だが、誰に売るかを知っておくことも重要だ。成功する起業家になるには、購買の意思決定がどのように下されるかに注意する必要がある。新しい製品を購買する当事者が、製品のユーザーではないことがよくある。その場合には、単に使用者のニーズや好みに合うことを説明してみせるのとは違った観点からその製品を売り込む必要がある。

たとえば、大企業が新しいソフトウェアを購買するケースを考えてみよう。多くの企業では、会計、ワープロ、統計、在庫管理などのソフトウェアを採用するかどうかは、そのソフトウェアのユーザーがするのではなく、その企業の情報システム部門のスタッフが決める。エンドユーザーの部門は購買の意思決定に関わらないため、使いやすさや既存のソフトウェアとの相性などは、価格や技術仕様ほどの重要性はない。価格や技術仕様のほうが、購買の意思決定を下

[4] 前掲書→[2]

す情報システム部門のスタッフに訴える力が強いからである。

新しい製品に価格を設定する

新しい製品やサービスは、価格を設定しないかぎり売ることはできない。さらに、販売価格が、製造コストより高くなければ儲けることはできない。これはわかりきったことかもしれないが、新しいテクノロジー製品やサービスに確実に製造コストを上回る高い価格をつけることは非常に難しい。そこには、高い固定費が含まれているからだ。たとえば、ソフトウェアのCD-ROMを焼くコストは一枚当たり数セントだが、最初にソフトウェア・プログラムを作る固定費は何億ドルにも達する。固定費が高い場合、販売価格がそのコストをカバーするのに十分な高さかどうかを決めるには、販売数量を予測しなければならない。しかし、実際には、少なくともその製品やサービスを相当量販売するまでは、コスト以下のレベルで製品の価格設定をするケースが多い。

テクノロジー製品やサービスの販売では、あらかじめ考慮しておくべき隠れたコストが発生することがよくある。たとえば、掛売りで製品やサービスを売っている業界が多い。掛売りのコストは、資本コストだけでなく顧客の返済期間によっても決まるので、コスト計算はかなり複雑で、正確な予想ができないことがある。

ハイテク製品やサービスの価格に影響するもう一つの問題は、それがどのような状況で発売されるかである。一般に、既存の製品やサービスの価格帯から外れた価格で、新しい製品やサービスを発売するのは難しい。したがって、その製品やサービスの予定価格帯を頭に入れて、その予定価格がその事業に十分なマージンをもたらすレベルであることを確認しておかなければならない。

新しい製品やサービスをその業界の標準価格帯より高い値段で発売できる場合もあるが、それが成功するには次のようないくつかの制約要因があることを知っておく必要がある。まず、起業家が発売するのは完全に新しい製品やサービスで、これに代わるものはないと顧客が認めることが必要である。また、時間とともに製品価格を下げてゆく計画を立てておかなければならない。さもなければ、あとになって販売の対象を市場の主流に移すことができなくなるからだ。市場の主流に移行する力を持っていることが、新しい製品やサービスの大量販売を達成するために不可欠である。さらに、収穫逓増ビジネスでは、高値販売を行ってはならない。さもないと、競争力を失う結果になる。また、よくあることだが、その性能が既存の代替品に比べて劣る場合に備えて、新しい製品やサービスがなぜ高価格なのかを顧客に正当化する強力な理由づけを用意しておかなければならない。

最後に、新しいテクノロジー製品やサービスの価格設定に際して、顧客が価格と製品の特性をどのように比較して、その損得を評価するのかを理解しなければならない。製品がコモディティ[1★]でない場合は、特定の製品に対して、他の製品よりも高い価格を進んで支払う顧客がいる。その価格の違いは、両者の特性の違いが原因である。しかし、製品間の違いが複数ある場合、個々の違いの価値はどうなるのか。もし、二つの製品の相違点が一つであれば、容易にわかる。

1★　日用品や家電製品などのように、ブランドにかかわらず、機能さえ備えていれば顧客のニーズを満足させることができる商品。唯一の差別化要素は価格となる

価格の違いは、その相違点の違いということになる。しかし、二つの製品のあいだに二つ以上の違いがあれば、個々の特性の違いの価値を計算するのはかなり難しい。したがって、特性が増えるごとにそれが顧客にとっていくらの価値があるのかを知って、それに応じた価格を設定することは非常に困難である。

STOP

1 新しい製品がひとりでに売れると期待してはいけない。

2 自ら売り込むことを忘れてはいけない。

3 間違った価格を設定してはいけない。

まとめ

第4の鉄則 本当の市場ニーズを発見し、それを満たす

第4の鉄則では、起業家がマーケットの本当のニーズを発見し、それを満足させるために取り組むべき活動に焦点を合わせた。

起業家は顧客の本当のニーズ、つまり顧客の抱える課題を具体的に解決するための何かを発見する必要がある。ニーズを発見しただけで、それを満たす新しい製品やサービスを提供しなければ、利益を生みだすことはできない。

また、顧客の嗜好を見きわめる必要がある。従来からある製品やサービスについては、フォーカスグループやアンケートを利用して顧客の嗜好を発見できるので、非常に容易である。しかし、製品やサービスが新しい場合、この手法は有効でないことが多く、先進ユーザーときめ細かい意見交換をするなど、顧客の嗜好を発見するための別の手段を使う必要がある。

そして、その製品やサービスが、利益を確保する形で、また競合よりも優れた方法で、顧客のニーズを満足させなければならない。また、新しい企業のマーケティングと販売のプロセスを理解する必要がある。ベンチャー企業は、認知されたブランドや優れた流通チャネル、その他既存企業のような有力なマーケティング手段を持っていない。そのため、マーケティング活動の多くは、起業家による対面販売に依存せざるをえないことを理解する必要がある。

さらに、新しい製品に対して適切な価格設定をする必要がある。これは非常に困難な仕事だ。なぜなら、新しい製品の多くは多額の固定費や隠れたコストを持っていたり、業界を取り巻く環境が影響していたり、顧客が価格と製品やサービスの特性の損得について評価をしたりするからである。

自己診断

1 顧客は、あなたが提案している製品やサービスをなぜ必要としているのか。

2 あなたが発売を計画している製品やサービスに対して、顧客が求めていることを見つけるのに最もよい方法は何か。

3 その製品やサービスにはどんな特性（サイズ、重量、耐久性など）を持たせればよいか。またこうした特性は、どのように顧客のニーズを満たすのか。

4 販売価格以下のコストで製品やサービスを作るにはどうすればよいか。

5 あなたの製品やサービスが、競合よりも顧客のニーズにうまく合致しているのはなぜか。

6 新しい製品やサービスに、どんな値段をつけるべきか。

7 その製品やサービスを、顧客に買ってもらうにはどうすればよいか。

第5の鉄則

購入者の意志決定と、市場の力学を理解する

ハイテク企業を創業して成功するには、市場の力学を理解する必要がある。この力学の法則はある決まったパターンに従い、新しい製品やサービスを顧客に受け入れてもらおうとしている起業家の能力にも影響を与える。

ここでは、顧客に購入の意志決定をしてもらうため、起業家がやらなければならないことを示す。起業家は、顧客基盤を効果的に攻略するために、潜在顧客がどのように分布しているかを予想しなければならない。また、販売の対象となる顧客層が、新しいもの好きのイノベーターからマジョリティへと移行するにつれて、最適な戦略をとらなければならない。マジョリティへの移行に際しては、適切な市場セグメントを選ばなければならない。さらに、参入しようとする市場の規模や成長率を見きわめる必要がある。そして、新しいテクノロジー製品やサービスの普及と代替の進み具合に影響を与える要因に注意を払う必要がある。

1 購入者の特性

はじめて自分の製品やサービスが売れたときの嬉しさは、何ものにも代えがたい。しかし、少数の顧客のニーズを満たしただけでは、起業家として成功したとはいえない。市場の大多数の顧客が、あまねく購入するところまで持っていく必要があるのである。さもなければ、十分な販売量を確保することができず、生産と販売の面で規模の経済による優位性を得ることができない。そうなると、いろいろな意味で競争力を欠いたコスト構造になってしまう。ベンチャーキャピタリストから資金を調達している場合、この問題は特に深刻である。資金調達コストを賄うためには、大量販売によるコストの引き下げによって、マージンを厚くすることがどうしても必要だからである。

では、新しい製品やサービスが広く受け入れられるために、起業家はどうすればよいのか。基本的には、どんな顧客がどんなタイミングで購入するかを知り、それぞれの顧客セグメントに対して製品やサービスの特性のどの部分を訴求すべきかを考える必要がある。また、ベンチャー企業のほとんどは経営資源が限られているため、購入者の意志決定プロセスをコントロールすることは、異なる顧客セグメントに優先順位をつけて働きかけていくことを意味する。したがって、最初の顧客セグメントをどのように選ぶかが問題になってくるのである。

購入者の意志決定を予測する

最初のステップは、新しいテクノロジー製品やサービスに対する購入者の意志決定のパターンを理解することである。このパターンは基礎的な数学を根拠にしている。新しい製品がたどる最も一般的な購入パターンは、図1に示した正規分布である。これは、人間の行動パターンのほとんどは、正規分布の形で表現できるという考えに基づいている。すなわち、全体のうち、人より先に行動したり、あとに行動したりするのは少数で、残る大多数は早くも遅くもなく、中間に位置する[1]。

新しい製品やサービスが売り出されると、イノベーターと呼ばれる少数の革新的顧客がただちに購入する。一方、大多数の顧客は、この製品やサービスに関する情報がたくさん出てくるまで購入を控える。しかし、イノベーターはテクノロジーに十分に精通しており、情報がわずかでもその価値がわかるので、いち早く購入に踏み切るのである1★[2]。

マジョリティと呼ばれる主流派の顧客が、イノベーターにつづく。このグループは最初のイノベーターよりも大きい。これは、その価値についての情報が広まり、不確実さが薄れるにつれて、新しい製品やサービスを買う顧客の数が増えるからである。はじめにイノベーターが購入することによって、新しいテクノロジー製品やサービスの価値に関する情報が生まれ、潜在顧客の意思決定が後押しされるのである。

ラガード2★と呼ばれるもう一つの顧客グループが、マジョリティのあとにつづく。これらの顧

[1] E. Rogers, *Diffusion of Innovations* (New York: Free Press, 1983).
『イノベーション普及学』エベレット・M・ロジャーズ著、青池愼一、宇野善康 共訳、産能大学出版部、1990年

[2] G. Moore, *Crossing the Chasm* (New York: Harper Collins, 1991).
『キャズム』ジェフリー・ムーア著、川又政治訳、翔泳社、2002年

1★ 著者は、顧客をイノベーター、マジョリティ、ラガードの三つに分類して説明しているが、このコンセプトの提唱者であるジェフリー・ムーアは、著書『キャズム』のなかで、顧客をさらに細かく5つに分類している。すなわち、イノベーター、アーリー・アドプター、

図1　購入者の意志決定の正規分布

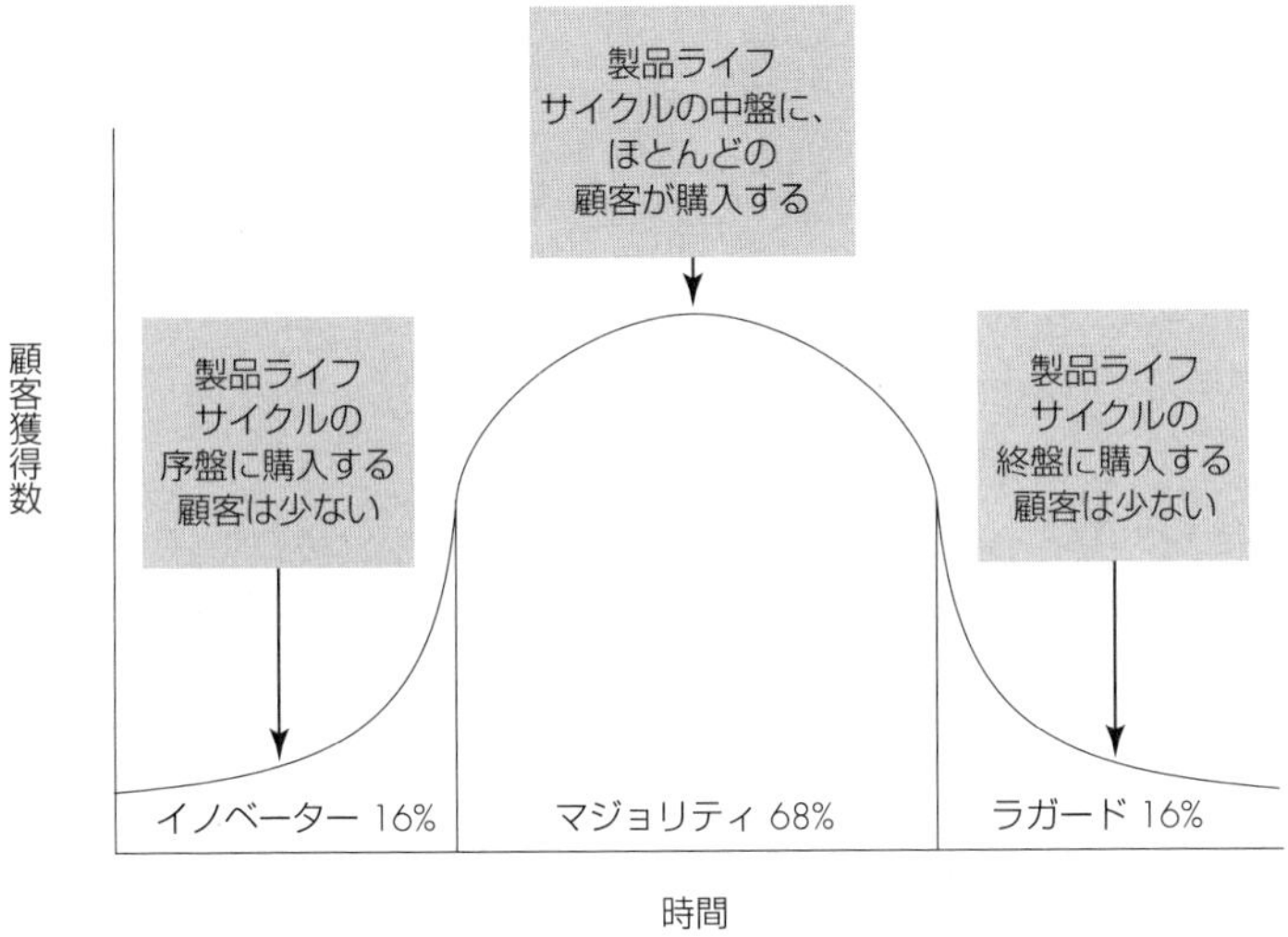
製品ライフ
サイクルの中盤に、
ほとんどの
顧客が購入する
顧客獲得数
製品ライフ
サイクルの
序盤に購入する
顧客は少ない
製品ライフ
サイクルの
終盤に購入する
顧客は少ない
イノベーター 16%
マジョリティ 68%
ラガード 16%
時間

客は、その価値が定着するまで新しいテクノロジー製品を購入しない。その結果、このグループが新しい製品を購入するのは、そのライフサイクルの終盤になってからである。このグループはマジョリティより少なく、通常イノベーターと同じくらいの数だが、それはマジョリティが製品やサービスを購入したあとで、手つかずの市場はごく小さいからである[3]。

過去二五年の携帯電話の販売状況を見てきた人にとっては、おそらくこのパターンはおなじみのものだろう。携帯電話が最初に登場したとき、それは非常に高価で、大型で、ごく少数の人だけが買う商品だった。この電話が最初に世に出たとき、これ

アーリー・マジョリティ、レイト・マジョリティ、ラガードである。著者のいうイノベーターは、ムーアによるイノベーターとアーリー・アドプターに相当するが、これは別名テクノロジーオタクとビジョナリーであり、両者の属性や行動特性は異なっているため、マーケティング施策も個別に立案する必要がある

2★　laggards：直訳すると、動作の遅い人

[3]　前掲書→[1]

[図1-出典]　E. Rogers, *Diffusion of Innovations* (New York: Free Press, 1983), p.247.

を買った人がいたのである。それは、ほとんどの人が買うことはおろか、話を聞いたのもずっとあとになってからという時期であった。あとになって、携帯電話がもっと小型になり、手ごろな値段になってから、市場の圧倒的多数の人がこれを買い求めた。しかし、大多数の顧客が携帯電話を買ったときにも、買わなかった人がいた。このラガードたちがようやく最初の携帯電話を買ったのは、ごく最近になってからのことである。

新しい製品やサービスに対する購入者の意志決定のパターンが正規分布になるという事実は、二つの理由でテクノロジー起業家にとって重要である。一つは、異なる時点で異なるグループの顧客が購入しているということは、それぞれの動機が異なっていることを示している。たとえば、イノベーターが新しい製品やサービスが発売されるとすぐに購入するのは、新しいテクノロジーの用途を探る必要がある場合が多い。こうした顧客は、ふつうは価格をあまり気にしない。最初のパソコンがいくらだったか思い出してほしい。その製品やサービスと競合するものが少ないと、高価なものになってしまうのである。

このようなイノベーターとは対照的に、マジョリティは新しいテクノロジー製品やサービスに何がしかの価値を認めるが、購入の意思を固めるためには、その価値についてさらに詳しい情報を求める。また、彼らは購入する前に、他の顧客が購入して満足したという証拠だけでなく、テクノロジーの価値に関する情報まで求めることが多い[4]。

ラガードは、新しいテクノロジーに対して非常に抵抗感を持っており、こうした新しい製品の購入にも抵抗する傾向がある。ラガードが製品を購入するのは、製品の改廃などによって他

[4] 前掲書→[2]

に選択の余地がなくなってしまった場合が多い[5]。

新しい製品やサービスに対する、購入者の意志決定のパターンが正規分布であると理解することによって、各時点における市場の割合を予測する基準が得られる。さらに、購入者の意志決定のパターンが正規分布を描かない場合でも、この基準パターンからの偏差を利用して、通常とは異なる要因がこのパターンに与える影響を予想することができる。

マジョリティを獲得する

製品を購入する人の分布についての論議から気づくことは、販売量に占めるイノベーターの割合は大きくないということである。したがって、テクノロジー起業家として成功しようとするなら、いかにしてマジョリティを取り込むかを工夫する必要がある。

残念ながら、ほとんどの起業家にとって、販売の対象をイノベーターからマジョリティに移行させるのは非常に難しい。マーケティング・コンサルタントのジェフェリー・ムーアは、この移行を「キャズムを越える」[1★]と表現している(図2)[6]。キャズムを越えることが難しいというのは、起業家の多くはイノベーターに対して製品やサービスを売り込むことはうまいのだが、マジョリティに販売を拡大しようとすると問題にぶつかる、という意味である。

起業家が新しい製品やサービスの販売対象をマジョリティに移して成功するには、顧客に対する販売活動にかなり重要な変更を加えなければならない。マジョリティに移行しようとして販売を始めるやいなや、新しいテクノロジー製品なら何でも興味を持つ顧客ではなく、製品や

[5][6] 前掲書→[2]

1★ chasm:直訳すると「深い裂け目」

サービスの価値について強力な証拠を要求する顧客と対峙することになる。その結果、起業家は証拠を集め、新しい製品やサービスが顧客にとって、競争相手が販売している競合製品よりもいかに大きな価値があるかを説明しなければならない[7]。

さらに、マジョリティはイノベーターほどテクノロジーに詳しくないため、断片的なテクノロジー要素ではなく、自分の抱えている問題の全面的な解決策を求めている。たとえば、イノベーターであれば、ソフトウェア単体だけを買っても技術的知識を活かして有効に使いこなすだろう。しかし、マジョリティの顧客にはマニュアルや故障の際の手引きなど、ソフトウェアの付属品を含めたパッケージが必要となる。したがって、マジョリティへの売り込みに成功するには、顧客が抱える問題に対する解決策を一つにまとめてパッケージ化しなければならない。

おそらく起業家は、顧客が抱える問題に対する解決策を、市場のすべてのセグメントに対して同時に、パッケージで提供できるほどの経営資源を準備していないだろう。したがって、マジョリティに販売目標を切り替える場合、一つのニッチ市場に特化し、多くの活動分野に広く浅く資源が分散しすぎないようにしなければならない[8]。

対象顧客を適切に選ぶ

販売対象をマジョリティに移行するときに、一つのニッチ市場に特化すべきだとすると、最初に特化すべきセグメントはどこだろうか。これについては、新しい製品やサービスに対して最大のニーズを持っている顧客は誰かを考えれば、おのずと答えが出る。その市場や顧客セグメ

[7] [8] 前掲書→[2]

図2　キャズムを越える

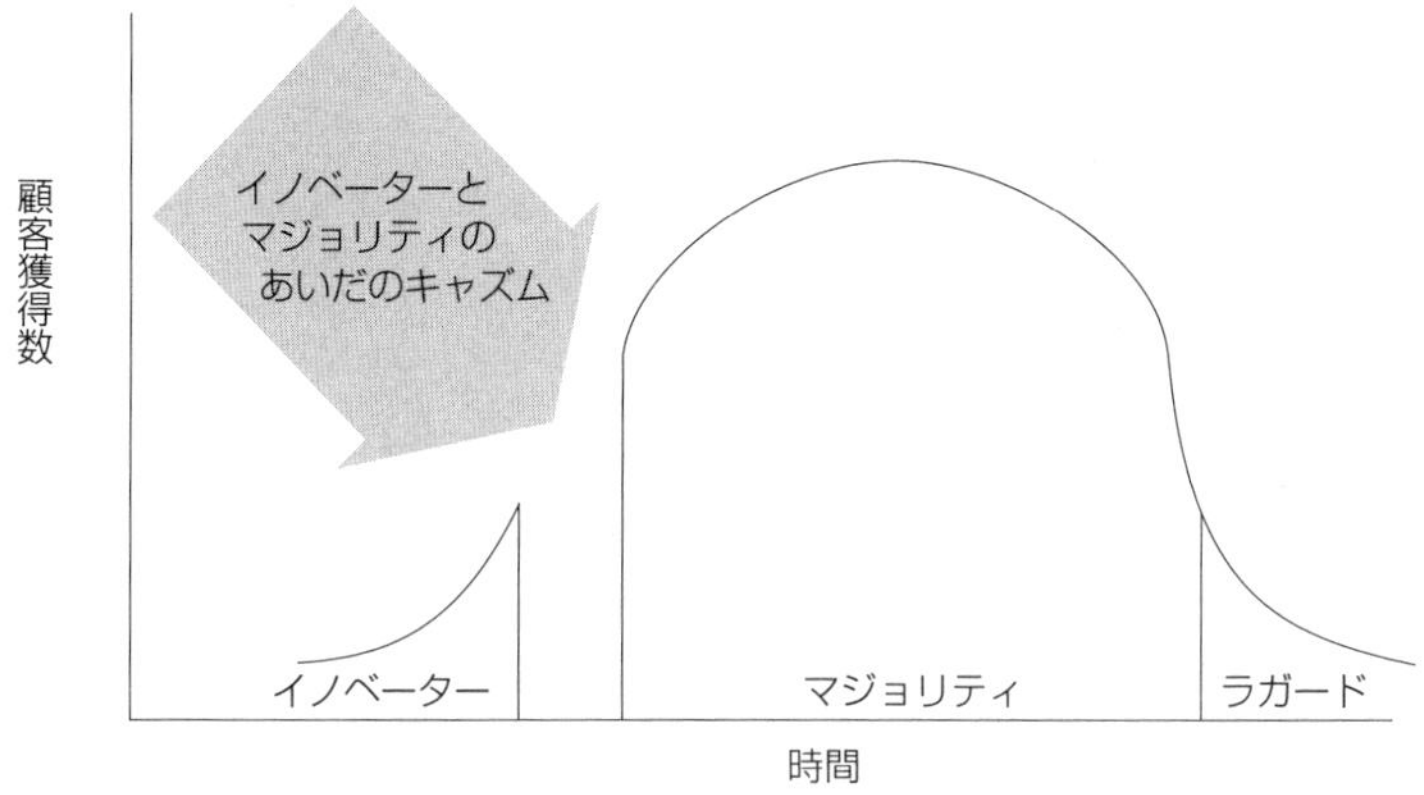

ントをターゲットにすれば、最も効果的に価値を訴求することができるからである[9]。

多くの起業家は、市場全体を目標にするという間違いを犯し、最も強い購買ニーズを持つ顧客に集中するのではなく、広範囲にわたって興味をかき立てようとするので、注意が必要だ。たとえば、新しい家庭用暖炉システムを販売する会社のケースでは、自宅を所有している人を相手にするより、自宅を新築する人を狙ったほうがはるかに効果的だ。自宅所有者のなかにも新しい暖炉が必要な人はいるだろうが、わずかな割合にすぎないからである。それよりも、自宅を新築する人は全員が暖炉を買う必要があるので、この人たちに集中するほうがはるかに効果的だ。

新しい製品やサービスに対する顧客のニーズが高まるのは、どのようなときだろう

[9]　前掲書→[2]

[図2-出典]　G. Moore, *Crossing the Chasm* (New York: Harper Collins, 1991), p.17.

か。一般的には、新しい製品やサービスによって顧客の生産性が改善したり、コストが下がったり、あるいは他の方法では不可能だったことができるようになるときである[10]。たとえば、タクシー会社に車の位置を追跡できるシステムを導入すれば、顧客に最も近い場所にいるタクシーを配車できる。これによって運賃収入を増やすことができるので、説得力のあるニーズが存在するといえるだろう。

説得力のある購買理由が存在するという条件で顧客を選定するというのは簡単だが、実際にはそのプロセスは非常に難しい。この難しさの一端は、既存の顧客であるイノベーターから収集した情報が、マジョリティが求めていることを知る助けにならないばかりでなく、実際には起業家を混乱させることが多いという事実にある。マジョリティを相手にする場合には、イノベーターを相手にしていたときとは異なったやり方をする必要がある。イノベーターのニーズや嗜好はマジョリティとは違っているので、イノベーターの情報を参考にしてはいけないのである[11]。

もう一つの難点は、新しい製品やサービスの価値が、マジョリティの顧客にどれだけ伝わるかを予測しなければならないことだ。マジョリティは、それが最新だから欲しがるのではなく、価値があるから購入を決める傾向にある。そのため、マジョリティは購入を決める前に新しい製品やサービスの価値を証明する情報を求める。

時にはその価値の測定が簡単なので、新しい製品やサービスの価値を容易に明らかにできることもある。たとえば、顧客の組立てラインのスピードを二五％速めることができる新しい設

[10][11] 前掲書→[2]

備の価値は、それを使った場合と使わない場合を比較すれば簡単に測ることができる。しかし、ほとんどの場合、新しい製品やサービスの価値を測ることは困難である。たとえば、会社が貴重な人材の流失を防いだり、労使関係を改善したりするのに役立つ新しい製品やサービスがあったとする。このような場合の価値を定量的な形で測ることは難しい。その結果、起業家が、その製品やサービスが購入に値することを多数の顧客に説得するのは容易ではない。それでもなお、対象顧客をイノベーターからマジョリティに切り替えたいのであれば、価値を目に見えるようにする必要がある。

STOP

1 新しい製品やサービスの売り方を変えずに、販売対象をマジョリティに移してはいけない。

2 販売対象をマジョリティに移すとき、その製品やサービスを最も切実に必要とする顧客に集中することを忘れてはいけない。

2

市場の力学を理解する

新しい製品やサービスの発売に成功するために重要なもう一つの要素は、市場の力学を理解することである。成功するテクノロジー起業家は市場の力学を認識し、市場における製品やサービスの成長と進化のパターンを理解している。したがって、彼らは新しい製品やサービスの発売に効果的な戦略を用いている。ここでは、成功する起業家が優位性を確保するために利用している重要な原則をいくつか紹介する。

すべての新しい製品やサービスの市場は最初のうちは小さい。要するに、市場が形成される前日まで、その規模はゼロである。市場はすべてゼロから成長をはじめるため、市場の規模を予測するのは簡単ではない。予測するには、いくつかの基本的なことを理解する必要がある。まず、市場を予測する際には静的に予測するという罠を避けなければならない。また、新しい製品やサービスの普及と代替に影響する要因を理解しなければならない。

静的予測の罠

失敗する起業家は、新しい製品やサービスの市場規模を予測するのに、静的な方法で解を得ようとしてしまう。このような場合、一般的には次のようなプロセスをたどることになる。まず、インターネットで検索するか、図書館へ行って、市場規模に関する人口統計情報を手に入れる。狙った市場がまだ存在しない場合には、最も類似した市場を選び、その規模から、狙った市場の規模を予測する。

たとえば、ある起業家が電子メールという新たな通信手段を開発したとしよう。その起業家が電子メールによる通信システムをはじめて発売するとき、コンピュータからコンピュータへメッセージを送信する手段を持っている人は誰もいない。そこで、起業家は人が一日に電話をかける回数を調べて、市場規模を予測する。次いで、新しいテクノロジーである電子メールが電話の通話に置き換わる割合を推定し、市場規模を予測する。

この方法のどこが間違っているだろうか。いくつか、根本的な問題がある。静的な市場評価では、時間の経過とともに起きる市場の変化を知ることはできない。しかし、新しい製品やサービスの市場では、成長する速度が大きく関係する。電子メールの市場が一〇億ドル市場になるのに一五〇年かかるのと、五年ですむのとでは、新しい会社の売上高の成長率がどれくらい違ってくるか想像してみればよい。市場規模を動的にとらえ損ねると、その実態の重要な部分を見逃すことになる。市場が最終的にどこまで大きくなるかだけでなく、どれだけ速くそこに達するかも同様に重要なのである。さらに、成長するペースは直線的ではない。時間が経過するにつれて、市場の顧客がイノベーターからマジョリティへ移行する際に、これまでゆっくりとしていた市場の成長が加速に転じる。このように、市場の成長を動的に検討しておかないと、市場が成長に転じることによる影響に対処することが難しくなるのである。

また、新しい製品やサービスの市場規模を予測するために、他の製品やサービスの既存の市場規模に関する情報を使うのは、新しい製品が古い製品に置き換わるという仮定があってはじめて成り立つことである。たとえば、電子メールの市場を予測するのに電話市場の情報を使うためには、電子メールの目的は電話に「置き換わる」こと、つまり電子メールは通常の郵便やファクス、顔を突き合わせての会話、その他の形のコミュニケーションの代替品ではなく、電話の代替品だという仮定が必要になる。電子メールの本当の目的が通常の郵便やファクスなど他の製品に替わるものであれば、電話通話の市場規模に基づいた予測だけでは不正確だ。

電子メールは単なる電話の代替品ではなく、対面による会話や郵便、ファクスの代替品でもある。さらに、人は電話通話の内容を確認するために電子メールでメッセージを送ったり、その逆のことをしたりするケースも多いため、電子メールには電話通信を補完する機能もある。その結果、市場規模を見積もるときに、電子メールが電話の代替品だと想定すれば、実際の市場規模とはかけ離れた数値になる可能性がある。

さらに、電子メールの例でもわかるように、新しい製品と古い製品は補完関係ではなく、代替関係にあるという想定に基づいているケースが多い。製品同士が補完関係にあれば、新しい製品の需要を算定する場合に、古い製品の市場規模の情報を単独の要因として使用することはそれほど参考にはならない。これを算定するためには、古い製品の需要と新しい製品の需要とのあいだにどのような関係があるのかを知る必要がある。この関係と古い製品の市場規模の情報とが組み合わさって、新しい製品の需要を算定するための必要な情報となる。

普及と代替のパターン

ほとんどの人が標準的に使っている静的な市場の予測方法が有効でないとすれば、どのようにすればよいのか。その答えは、製品の普及パターンを観察することによって得られる。普及とは、新しいテクノロジー製品やサービスが潜在的顧客によって購入される割合である[12]。市場規模の正確な予測をするためには、新しいテクノロジー製品やサービスが普及する速度を予測する必要がある。この普及パターンの予測が正確であれば、このパターンを使って異なった時点における市場規模の正確な図を描くことができる。

まず、製品やサービスに対する購入者の意志決定の基準となる正規分布に立ち戻ろう。成功する起業家は、購入する人のほとんどが正規分布するなら、ほとんどの市場の成長は直線的ではなくS字型になることを知っている（図3）[13]。それは、少数のイノベーターだけが新しいテクノロジー製品やサービスを買うはじめの段階では、普及の割合が緩やかだからである。しかし、この新しい製品やサービスの供給者がマジョリティに販売できるようになると普及率が加速する。マジョリティが満たされたあと、顧客層がラガードに移行すると、普及率は減速していく。

しかし、さまざまな要因が普及の率に影響するので、すべての普及がS字型になるとは限らない。したがって、起業家は普及に影響を与える要因を理解し、その要因がこれから市場に出す製品やサービスの普及に及ぼすインパクトを考慮する必要がある。

新しい製品やサービスの性質は、普及に影響する。たとえば、補完的なテクノロジーの開発

[12][13] L. Girfalco, *Dynamics of Technological Change* (New York: Van Nostrand, 1991).

持つ体系的なテクノロジー製品より普及が速い。なぜなら、体系的テクノロジーでは、そのなかで最も普及が遅い要因と同じ速さでしか普及が進まないからだ。

たとえば、燃料電池の開発者が抱える問題をとりあげてみよう。燃料電池は一般に水素を利用する。このため、燃料電池を使用する自動車の普及率は、水素やその他の補充品を燃料電池に補給する燃料補給ステーションの普及率に左右される。このため、自動車メーカーはガソリンスタンドが燃料電池に必要な補充品を供給できるようにするため、石油会社と協力しているのである。

さらに、人は高価なものを購入するのに時間をかけるため、高価なテクノロジーに基づく製品やサービスは、それほどお金のかからないテクノロジーよりも普及が遅い。また、新しい製品やサービスを購入しようという人々の意欲は利便性の高さとともに強くなるため、利用者に高い利便性をもたらす製品やサービスは、そうでないものよりも普及が速い。最後に、人はその価値を理解してから購入しようとするため、理解しやすいテクノロジーに基づく新しい製品やサービスは、そうでないものよりも普及が速い[14]。

ターゲットにする市場の特徴も重要である。富は購入を促進する役割を果たすので、裕福な人や企業はテクノロジー製品を簡単に購入する。同様に、財務的に多角化した企業が新しい製品やサービスを素早く購入することが多いのは、多角化のおかげでこうした製品を購入するリスクが軽減されることによる[15]。

しかし、新しい製品やサービスを購入する動機に影響するのは、裕福さだけではない。不確

[14][15] 前掲書→[1]

図3　普及のS字型曲線

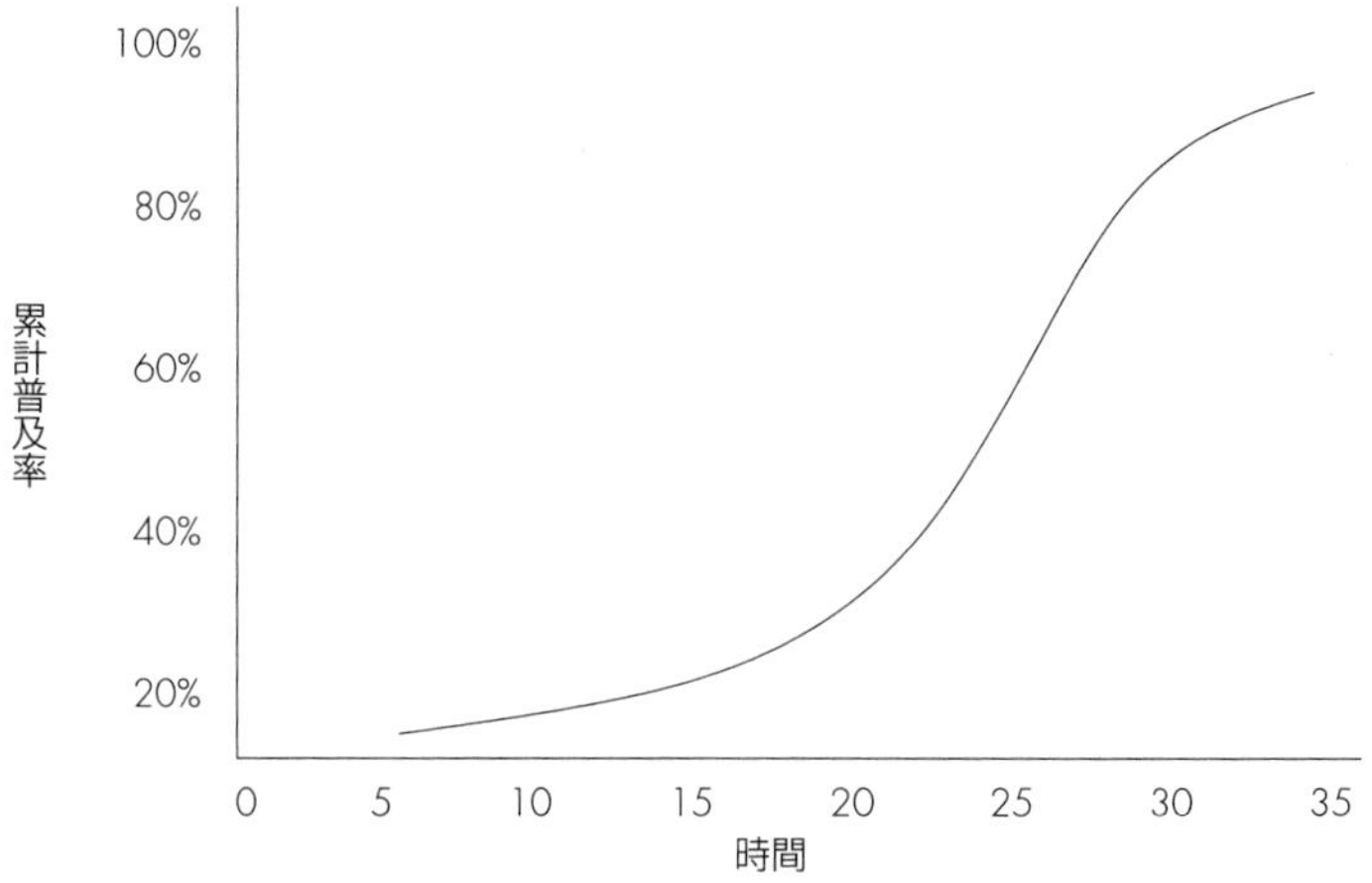

実性に対する寛容性といった、新製品を購入しそうな人に見られるある種の心理的特性が普及を速めることがある。それは、新しい製品やサービスの発想がそうした特性を持った人に受け入れられやすいからだ。社会構造の特徴も普及に影響する。新しい製品やサービスは、潜在的な顧客の結びつきが強い市場のほうが早く普及する。こうした社会では、潜在顧客のコミュニケーションが緊密で、意思決定をするために必要な情報が容易に伝達されるからである[16]。

購入の意思決定に関わる外部的環境が、新しい製品やサービスの普及に影響を与えることもある。たとえば、金利が高いときよりも低いときのほうが新しい製品やサービスの普及が速い。金利が低ければ、入手コストが安くなるからだ。また、外部から資金調達をして入手する場合には資金調達コストが必要に

[16] 前掲書→[1]

[図3-出典] S. Rogers, *Difusion of Innovations* (New York: Free Press, 1983), p.243

なるため、値段が高ければ高いほど金利の影響が大きくなる。

政策上および規制上の要因も普及率に影響する。たとえば、有力な政治団体が新しい製品やサービスの購入に反対すると普及は遅くなる。同様に、新しい製品やサービスの購入に対する規制上の条件が厳しいと、条件が緩やかなときよりも購入が格段に遅くなることが多い。

ある出来事や障害で、テクノロジー製品の普及が事実上停止する場合がある。こうした出来事や障害の多くは、政策上または規制上のものである。たとえば、米国において原子力は、スリーマイル島の惨事が起きるまでは発電源としてS字型の普及パターンをたどっていた。この事件は原子力の普及を中断させ、その後の普及の障害となった[17]。

新しい製品やサービスの普及は代替による影響を受ける。代替とは、同じ目的を達するためにあるテクノロジー製品やサービスの代わりに他のテクノロジー製品やサービスを使うことである[18]。すべての新しい製品やサービスは、既存の製品やサービスの代替だと主張する人もいるが、ここでの代替は、他の場合と比べてより直接的なものをいう。たとえば、光ファイバーケーブルは、電気通信企業が同軸ケーブルと同じ場所で使用するので、同軸ケーブルの代替品である。

代替には数学的な関係が内在しており、新しい製品やサービスの普及は古い製品やサービスの販売を減少させる原因となる。たとえば、従来のカメラとデジタルカメラの関係を例にとってみよう。一九九〇年代の半ば以降、デジタルカメラの販売は、年間一〇〇万台弱からほぼ一〇〇〇万台に達するところまで増加してきた。デジタルカメラは従来のカメラの直接的な代替品であり、従来のカメラの販売はデジタルカメラの販売増に匹敵する金額で減少している。

[17] 前掲書→[12]

[18] 前掲書→[1]

既存企業が古いテクノロジー製品に多額の投資をしている場合、代替は彼らにとって厄介な問題となる。たとえば、VoIPテクノロジーを考えてみよう。このテクノロジーのおかげで、インターネットを使って電話をかけることができるようになったので、従来の回線交換機テクノロジーは代替される。通信業では、これによって、従来のテクノロジーに対する多額の投資が時代遅れになるおそれがあるため、既存企業に対する大きな脅威となっている。

代替によって既存企業の投資を時代遅れにさせることは、成功するテクノロジー起業家が既存企業と競争するために用いる非常に重要な戦略の一環となる。この戦略は、規模の経済性を大きく備えた産業ではとりわけ貴重である。それは、新しいテクノロジーが古いテクノロジーに置き換わるにつれ、古いテクノロジーに基づいて製品やサービスを生産している企業はその規模の経済性が徐々に侵食され、コストの上昇に苦しむからである。規模の経済の優位性を失うことによって、既存企業のコスト構造が上昇に向かい、その結果ベンチャー企業が既存企業に対する競争上の優位性を強めることが多い。

もちろん、実際に代替をベンチャー企業の効果的な戦略とするには、はたから見るよりも難しい。大きな理由の一つは代替のペースで、これは製品によってかなり大きな違いがある。たとえば、合成ゴムが天然ゴムの市場シェアを一〇パーセントにまで追い落とすのに五八年かかったが、合成洗剤が天然石けんのシェアを一〇パーセントに追い詰めるのに要した時間はわずか九年だった[19]。結論をいえば、合成洗剤のケースでは、新しいテクノロジーに基づいた製品を発売した起業家は、既存企業のコスト構造を急速に悪化させる戦略を活かしたのに対して、

[19] 前掲書→[12]

合成ゴム製品を発売した起業家は、そこまで活用しきれなかったということである。

新しい製品やサービスの代替速度の予測も、起業家がマスターすべき重要な技能である。テクノロジー起業家は、手持ち資金が尽きないうちに新しい製品やサービスを顧客に購入してもらう必要がある。そのためには、需要に十分見合った供給を行って競争相手の参入を排除しつつ、もう一方では需要が高まる前に資金を使い尽くしてしまわないように、過剰な供給を抑えるということをバランスよく行う必要がある。

電気自動車を売り出す起業家を例に考えてみよう。この製品には、既存のテクノロジーに基づいた製品、すなわちガソリン車を代替しようという目論見がある。販売は、新しいテクノロジー製品と古いテクノロジー製品との代替に左右される。起業家が電気自動車による代替は遅いと予測したにもかかわらず、それより早く代替が起きた場合、需要に応じることができないというリスクを負う。逆に、代替が速いと予測していれば、電気自動車に置き替わらないうちに、資金が尽きるというリスクを抱えることになる。

代替を理解しようとするとき、考慮すべきもう一つの重要な概念は、多段階代替である。多段階代替とは、あるテクノロジーに基づく製品が第二のテクノロジーに基づいた製品によって代替され、それが今度は第三のテクノロジーに基づく製品によって代替されるといった概念である。たとえば、鉄鋼生産に多段階代替の例が見られる。平炉製鋼法がベッセマー製鋼法に置き替わり、純酸素製鋼法が平炉製鋼法と電炉製鋼法の両者に置き替わった[20]。古い製品を犠牲にして新しい製品が主役になるという直接的な代替は非常にわかりやすいが、多段階代替の

[20] 前掲書→[12]

理解はそれほど容易ではない。ある新しい製品は他の新しい製品にまったく代替されないかもしれないし、あるいは古い製品に代替されるかもしれないが、その代替の効果が見られないうちに第三の製品によって完全に代替されることもある。

最後になるが、代替を理解するうえで考慮すべき注意点は、古いテクノロジーに基づいた既存製品やサービスを供給する側に立つ者はしばしば、政治的なものであれ、その他の方法であれ、自分たちの立場を守り、変化を遅らせるための対策をとることである。その結果、新しいテクノロジーに基づく製品は、たとえ普及するとしても、本来のペースで普及するとは限らない。たとえば、ガラス製のフロントガラスの製造者は代替を妨げるために、保険会社にプラスチック製のフロントガラスを装備した自動車の修理を認めさせないという対策をとるかもしれない。衝突で損傷した自動車の修理に対する自動車保険会社の支払件数は多いため、この種の措置は代替を妨げる可能性がある。

STOP

1 あなたの製品やサービスについて、購入者の増加ペースが直線的であると考えてはいけない。S字型になる可能性が大きい。

2 静的な予測法を使って、新しい製品やサービスの市場規模を見積もってはいけない。

3 新しい製品やサービスの市場の成長を算定する際に、普及と代替に影響する要因を無視してはいけない。

まとめ

第5の鉄則 購入者の意志決定と、市場の力学を理解する

第5の鉄則では、新しい製品やサービスに対する購入者の意志決定を重点的に説明した。はじめに、新しい製品やサービスを購入する人は、ふつう正規分布することについて述べた。その理由は、早い時期に購入の意思決定をする人は少数であり、また、遅くなってから購入の意思決定をする人も少数で、ほとんどの人がこの中間で購入を決定するからだ。このパターンには起業家にとって重要な意味がある。購入する人が異なればその嗜好も異なり、これが、顧客に新しい製品やサービスを購入させるためにテクノロジー起業家がとるべき行動に影響を与える。さらに、どの時点をとっても、市場における購入率は直線的なものではない。最初のスタートは少なく、加速し、そして減少するというS字型を描く傾向がある。

次に、起業家がイノベーターからマジョリティに販売対象をどのように移行すべきかについて焦点をあてた。多くの起業家にとって、長期にわたって生き残るのに十分な収益を稼ぐためには、製品やサービスを広く購入してもらう必要があるため、この移行は重要である。しかし、大半の起業家は、うまく移行することができない。この移行に成功するためには、起業家はマジョリティの顧客の求める多様な需要に製品やサービスを適応させ、その価値を証明できる資料を提供し、顧客の問題の解決策を完全なパッケージの形で提供しなければならない。

また、マジョリティへの移行を狙う場合、適切な顧客を選定しなければならない。こうした絞り込みは、ベンチャー企業の限られた経営資源を考えれば必須である。ターゲットとすべきは、新しい製品やサービスによって生産性の向上が期待できたり、コストが削減できたり、あるいは他の方法では不可能なことが可能になったりする顧客の集団である。

最後に、市場の力学について述べた。市場が動的であるということは、市場の静的な予測は起業家にはあまり役に立たないということを意味している。また、これは、普及と代替のパターンを理解することが起業家の成功に決定的に重要だという意味でもある。ここから、顧客の性格、製品やサービスの特性、代替のタイプ、代替プロセスのタイミングといった問題が、起業家として成功するために理解すべき重要事項であり、このすべてが普及と代替のパターンに影響を与えるという結論が導き出される。

自己診断

1 あなたの製品やサービスがたどるのは、どんな購入パターンか。

2 イノベーターが、あなたの製品やサービスを買うのはなぜか。

3 マジョリティが、あなたの製品やサービスを買うのはなぜか。

4 顧客は説得力のある購入理由を持っているか。

5 あなたが参入しようとしている市場の規模は、どれくらいの大きさか。

6 あなたの製品やサービスの普及速度に影響するのは何か。

7 あなたの新しい製品やサービスが代替することになるのは、どんな製品やサービスか。

第6の鉄則

既存企業の弱みにつけ込む

起業家にとっては運の悪いことに、既存企業の経営者の多くもまた同じ事業機会を追求している。したがって、起業家は価値ある機会を発見するだけでなく、既存企業との競争にも勝たなければならないが、これは非常に難しい。起業家は認めたがらないだろうが、既存企業は事業に成功しているからこそ現に存在しているのだ。こうした企業の経営者は、顧客の本当のニーズを発見し、それを満たす解決策を考え出し、その結果、著しい競争優位を築き上げてきた。したがって、ほとんどの場合、既存企業のほうが起業家よりも有利な立場にある。

では、どうすればよいのか。既存企業の弱みを攻めればよい。第6の鉄則では、既存企業の弱点を狙わないかぎり必ず負けてしまうことを示す。つづいて、既存企業に特有の弱みを発見し、その弱みにつけ込む方法について説明する。

1 既存企業はなぜ常勝するのか

既存企業は、概してベンチャー企業よりもビジネスチャンスの追求に優れている。それは長いあいだ培ってきた優位性、つまり「学習曲線」「評判効果」「キャッシュフロー」「規模の経済」「製造・マーケティング・流通における補完的資産」などのおかげだ。既存企業との競争において、ベンチャー企業はこうした点で苦戦を強いられる。

学習曲線

企業活動のほとんどは、実践を通じた学習によって進化する。人は他人を観察したり、書物を読んだりして物事を学ぶことができる。しかし、企業活動では実践によってしか学べないことが多い。企業は、生産性の向上、マーケティング活動の改良、人事管理の改善、その他の多くのことを業務の遂行を通じて学ぶ。大切なことは、販売、製造、製品開発など、実践回数が増えれば、それだけその活動が優れたものになる点だ。その結果、大半の事業活動が学習曲線を描く。これは、ある活動の実行回数とその成果の関係をグラフ上に表示したものである。生産活動を例にとれば、ある製品の生産数量が増えるほど、生産効率はよくなるということだ。

起業家が、競争相手の既存企業と学習曲線上の同一地点から並んでスタートするのは無理である。既存企業は過去の操業を通じて学習曲線のずっと先のほうまで進んでいるからだ。その結果、図1に示すように、ベンチャー企業は一般に、操業開始時点では製造やマーケティングなど重要な活動で不利な立場にある。これでは既存企業に太刀打ちできない。

評判効果

次に、既存企業が有利な点として評判がある。製品やサービスの売れ行きは、売り手の評判によって左右される。顧客は、自分自身や友人や家族などの親しい人が過去に購入して満足したことのある会社の製品を買うものだ[1]。過去の取引でよい評判を得ると、未来の顧客が集まってくるのである。この点でも、既存企業はベンチャー企業に比べて有利である。既存企業には過去の取引がうまくいったという評判があるが、ベンチャー企業にはそれがないからだ。このため、ベンチャー企業が顧客の注目を引くことは難しく、既存企業との競争に苦戦する。

キャッシュフロー

事業がうまく行っていれば、既存企業のキャッシュフローは増加する。そのおかげで、経営者は投資家から資金調達をしなくても、内部資本を使って新しい製品やサービスの開発に投資できる。販売実績のないベンチャー企業は、キャッシュフローを増加させることができないため、株式を発行したり借り入れを行ったりして資本市場から資金を調達しなければならない。外部の投資家は、新しい製品やサービスの開発に関して起業家や経営者ほど十分な情報がない

[1] H. Aldrich, *Organizations Evolving* (London: Sage, 1999).

図1　生産速度に対する学習曲線の効果の例

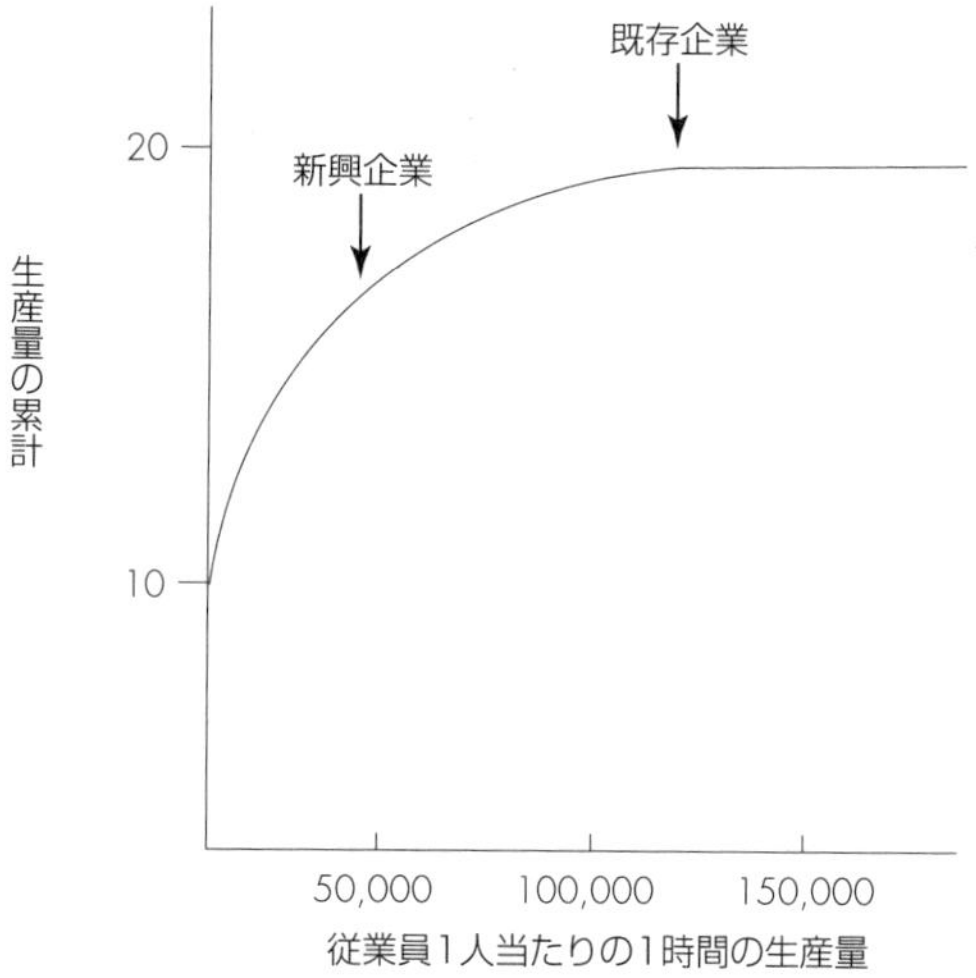

ため、投資する際に割高なプレミアムを要求する。つまり、内部資本に比べて、資金調達コストが高くなる。このように、ベンチャー企業は新しい製品やサービスを開発する際に、既存企業よりも資金調達コストの点で不利である。これが、既存企業との競争の妨げとなる。

規模の経済

既存企業は規模の経済の強みを持っているので、ベンチャー企業が追随できないような安いコストで、新しい製品やサービスを生産し、販売することができる。最初の開発に多額の固定費がかかり、追加生産の費用が安い場合には、追加一単位当たりの限界費用はすべての製品やサービスの平均費用よりも低くなる。たとえば、音楽CDの生産を考えてみよう。

［図1-出典］R. Baron, S. Shane, *Entrepreneurship: A Process Perspective* (Mason, Ohio: Southwestern, 2005), p.41.

最初のCDの製造コストは、作曲家による作曲、アーティストによる演奏と録音、製造設備の手配などが必要で、非常に高くなる。しかし、すべての準備が整ってしまえば、録音の焼き付け、包装、出荷など、追加コピー一枚当たりの製造コストは数セントだ。一万枚のCDを生産する場合の一枚当たりの平均コストは、一〇〇〇枚の場合よりもずっと安くなる。

これに対処するために、ベンチャー企業は多くのことをしなければならない。ベンチャー企業は、短期間で既存企業の生産レベルに追いつくことはできない。創業してすぐに追いつこうとするために融資を受けて大規模な操業に踏み切るのは、あまりにもリスクが大きい。ほとんどのベンチャー企業は、既存の競争相手よりも小規模でスタートせざるをえず、コスト面で不利になる。たとえ、ベンチャー企業が直ちに大規模生産を始められるとしても、最初は固定費を支払わなければならない。既存企業は固定費を支出ずみで、大量生産を行っているので、ベンチャー企業に比べて追加生産にかかるコストははるかに安くなる。結論として、ベンチャー企業はコスト競争力では既存企業にかなわないのである。

補完的資産

既存企業は、新しい製品やサービスの開発に必要な補完的資産をすでに支配しているので有利である。補完的資産とは、製品やサービスに付随して使用する必要があるすべての資産のことだ[2]。たとえば、がんを治療する新薬が開発されたとする。この新薬は顧客のニーズを満たす革新的な製品である。しかし、この製品を顧客に売るには、医薬営業部隊という補完的資産

[2] D. Teece, "Profiting from Technological Innovation: Implications for Integration, Collaboration, Licensing and Public Policy," in D. Teece (ed), *The Competitive Challenge*, ed. D. Teece (Cambridge, MA: Ballinger, 1987).
『競争への挑戦――革新と再生の戦略』デビッド・J・ティース著、石井淳蔵、金井壽宏、野中郁次郎、奥村昭博、角田隆太郎 共訳、白桃書房、1988年

が必要である。医薬品は医薬営業を通じて医師に販売され、医師が処方箋を書くことによって患者に処方されるからだ。

ベンチャー企業は、まず医薬営業部隊を立ち上げることから始めなければならない。これに対して、メルクのような既存の製薬会社は、すでに医薬営業部隊を持っており、迅速かつ効率的に新薬を出荷できる。起業家が販売を委託しようとしても、競争相手の製薬会社にとっては何のメリットもない。また、製薬業界では、独立の販売代理店になってくれるような企業はないだろう。したがって、ベンチャー企業は、お金がかかるうえに面倒な医薬営業部隊の雇用・育成という作業をゼロから始めることになる。

既存企業と競争する力をつけるには、時間がかかるだけでなく費用もかさむ。多くの事業では、範囲の経済が存在する。たとえば既存企業の医薬営業は、医師を訪問して多くの医薬品を売る。しかし、たった一種類の新薬を携えてマーケットに乗り込んだベンチャー企業は、他の医薬品を販売することができない。その結果、ベンチャー企業の販売コストは、範囲の経済を備え、同時に何種類もの医薬品を売る既存企業よりもずっと高くなる。このようにして、高コスト構造がベンチャー企業の競争力を奪ってしまうのである。

2 ベンチャー企業がつけ込むことのできる既存企業の弱み

ベンチャー企業が既存企業と競争するにはどうすればよいか。既存企業の弱みにつけ込んで、その優位性を帳消しにすればよい。どんなに立派な既存企業でも、既存企業であるがゆえのアキレス腱がある。「効率性の追求」「既存の能力の活用」「顧客の声の収集」「既存の組織構造」「業績連動型の報酬制度」などは、既存企業に有利に働くことが多い。しかし、多くのビジネスチャンスを追求しようとすると、これらは起業家との競争の妨げになる。成功する起業家は、既存企業の優位性を潰すチャンスに目をつけ、その弱みにつけ込むのである。

効率性の追求

既存企業は絶えず最大限の効率性を追求することで、競合に対するコスト競争力を高めようと努力している。もし、競合よりも二割安く製造できれば、そのぶん製品を安く売って、競合から顧客を奪うことができる。このように、企業同士の競争が熾烈な業界では、効率性がきわめて重要である。

効率性を追求することは、既存企業の競争優位の基盤だが、一方で新しい製品やサービスの開発の足を引っ張ることもあり、アキレス腱ともなる。新しい製品やサービスの発売には、研究開発が欠かせない。研究開発はその成果が不確実であり、効率性に欠ける仕事である。研究開発に失敗すれば、費やしたコストは回収することができない。このため、多くの企業は研究開発投資を削減し、既存の事業の効率性を短期的に改善することに注力する。効率性を追求するあまり、新しい製品やサービスを開発することができなくなってしまうのだ。これがベンチャー企業に機会の扉を開くことになる。

既存の能力の活用

既存企業の多くは、製品やサービスの製造や、マーケティングにかけては非常に効率的である。なんといっても、長年の試行錯誤を経てこうした能力を発展させ、マーケットでの優位性を築いてきたのである。新しい製品やサービスが、従来の製品の延長線上にあるか、既存の製造工程の改良による場合、これらの能力は既存企業に有利に働く。この場合、ベンチャー企業はこれに匹敵する能力に欠けるため、既存企業に太刀打ちできない。既存企業は資金力、広告や既存の流通体制、顧客の嗜好に関する情報量など、多くの優位性を持っている。したがって、若干の改良を加えた新しい製品やサービスを売り出すことにかけては、それが市場の転換や新市場の開拓を促すものでないかぎり、既存企業は圧倒的に優位である。たとえば、マイクロソフトは、顧客企業が前回ソフトを購買したときの意思決定に関するデータを大量に持っているので、それを使って新製品をきめ細かく販売することができる。新興のソフト企業がマイクロソフトの競合製品を武器に同社と競争することはかなり難しい。

しかし、既存企業が現行能力をフルに活用しようと全力を傾けていると、市場の枠組みを根本的に転換させる、本当に新しい製品やサービスを開発することが難しくなる。新しい製品やサービスが、まったく異なった概念による製造や事業体制、流通に基づいた方法で生みだされた場合、既存企業は著しい弱みを見せる。

市場の転換は、現行の能力を根底から揺るがせる。新しい概念に基づいた新しい製品やサービスには、現行とは異なる生産技術が必要になる。今やコンピュータの真空管は集積回路に置き換わり、真空管の専門知識は時代遅れになり、従来の能力は壊滅的な打撃を受けた。

特に、製造やマーケティングのプロセスがまったく新しいものに変わると、既存企業の学習曲線の優位性は完全に失われる。いったん新しい出来事が起きると、以前の実績は既存企業には何の優位性ももたらさない。かえって、新しい製品やサービスの開発の妨げになりかねない。インターネットでオンラインの書籍販売が可能になったときの、既存の書店の対応がその例である。オンラインという新しい概念によって、既存企業の書籍販売能力は弱体化した。書店は過去の経験でオンライン事業を開発しようとしたが、実際には効果的な製品やサービスの開発がいっそう難しくなっただけであった。過去の知識は、新しい概念にとって障害となることが多かったからである。

もう一つの例が、新しい医薬品の発見のケースに見られる。コーエン・ボイヤーの遺伝子組み換え特許[1★]は、医薬品の発見を分子生物学に基づく方法に変化させた。これを受けて、大学の研究者たちは多数の新しいバイオテクノロジー企業を創業した。当時、分子生物学者のほとん

1★ 1973年にコーエンとボイヤーによって完成された遺伝子組み換えの基本技術に関する特許。ある生物の形質を与えている遺伝子を、別の生物に組み込むというもので、遺伝子組み換えを発展させる端緒となった

どは大学にいて、製薬会社にはいなかった。既存の製薬会社は、新しいバイオテクノロジー製品の開発に必要な技術を欠いていたために遅れをとったのだ。

既存企業が、現行の製品やサービスの崩壊をもたらすような新製品やサービスの生産に踏み切れば、既存事業を犠牲にしてしまう。新事業のために既存の収益源を犠牲にしたくないということが既存企業の弱点となる。ベンチャー企業には、既存の収益源がないので、この問題で悩むこともない。バーンズ・アンド・ノーブルは、新たにオンライン事業に投資して、既存の書店の顧客にインターネットで書籍を売らなければならなくなった。一方、アマゾン・ドット・コムは、インターネットでの書籍販売事業を創業するために収益を犠牲にする必要はなかった。

この種の犠牲の問題は、ＩＰ電話に利用されるVoIPテクノロジーでも見られる。このテクノロジーは音声をデジタル符号化し、インターネットで送受信する。この方法は、電話会社の所有する電話線を通じて回線を交換する従来の電話サービスとは根本的に異なる。その結果、従来の電話会社は、ＩＰ電話を採用すれば、光ファイバーの敷設や保守、交換機の開発や保守などに費やしたすべての投資が無駄になってしまう。既存の電話会社が新しいテクノロジーに乗り気でない理由はここにある。ベンチャー企業はこうした古い資産を抱えていないため、投資を犠牲にするという問題もなく、ＩＰ電話を積極的に推進することができる。

主力事業に持続的に集中するために、既存企業は既存の製造方法や販売方法を反復的な業務手順に落とし込むことで、効率性を高めることができる。また、特定の市場、製造、流通に関する知識を活かして、効率的に新しいビジネスチャンスを開拓することができる。遭遇するすべてのビジネスチャンスをしらみつぶしに検討したりはしないのである。

しかし、新しい製品やサービスが、新しい市場、製造、流通、事業体制作りの能力を必要とし、企業の既存の能力を崩壊させるような性質のものであれば、こうしたやり方はかえって弱みとなる。反復的な業務手順があるために、業界のリーダーともあろう企業が、新しい製品やサービスの存在を知ったときに、その価値を無視したり、排除してしまったりする。コダックは、主力事業であるフィルムの生産を重視するあまり、デジタルカメラへの移行に遅れをとった。この弱みが、従来のフィルムの製造設備などの制約に縛られないベンチャー企業に対して機会の扉を開いた。彼らはコダックにすぐさま模倣されることなく、デジタルカメラに必要な技術の開発に専念できたのである。

既存顧客の声の尊重

すべての企業は生き残るために顧客を満足させる必要がある。どんな事業であれ、顧客を幸せにすることに努力しなければならないが、これが既存企業の弱みになる。新しい製品を開発した当初は、多くの点で、既存の製品より劣っていることが多い。発売早々の新製品に完璧を期待することはできない。この時点では、既存の製品のほうがはるかに優れているのである。これが、顧客に新しい製品に対する意見を尋ねたときに問題になる。顧客は新しい製品について否定的な意見を述べるため、既存企業は従来の製品を改良することに努めるべきだと理解する[3]。

[3] C. Christiansen, *The Innovator's Dilemma* (Cambridge: Harvard Business School Press, 1997).
『イノベーションのジレンマ——技術革新が巨大企業を滅ぼすとき』クレイトン・クリステンセン著、玉田俊平太、伊豆原弓 共訳、翔泳社、増補改訂版、2001年

これが、ベンチャー企業にとっての参入のチャンスとなる。通常、新しい製品の価値を認めるのは別の市場セグメントの顧客である。それは、従来の製品がそのセグメントを満足させていなかったからだ。ベンチャー企業が新しい製品やサービスを携えてこの新しいセグメントを開拓できるのは、既存企業が攻略できていなかったからである。

既存企業が新製品を開発するとき、既存の顧客にその感想を聞くことが多い。残念なことに、既存の顧客は未開拓市場のニーズの情報源としてふさわしいグループではない。大半の顧客は近視眼的だ。自分の将来のニーズや他の市場セグメントのニーズを予測して、企業に教えるようなことはできない。このため、既存企業は新しい製品には市場性がないと思い込み、追求をやめてしまうのである。こうしたアプローチが、ベンチャー企業の参入を許し、不満を持つ市場セグメントに製品やサービスを提供させるチャンスを与えるのだ。

ベンチャー企業は、顧客の意見に左右されることなく、市場で不満を抱くセグメントを追いかけることができる。新しい製品に興味がない既存企業の顧客を相手にする必要はない。代わりに、手つかずの市場セグメントの先進ユーザーを重視する。先進ユーザーは、創業者とのやりとりのなかで、何が新製品を購入する要因となるのかヒントを与えてくれるのである[4]。

このようなプロセスの代表例が、ＩＰ電話の市場展開である。従来の電話会社の顧客である既存の大手企業の大半は、ＩＰ電話の採用に乗り気でなかった。それは、ＩＰ電話が従来の電話のようにいろいろなサービスを提供できなかったからだ。しかし、いくつかの市場セグメントの企業は、従来の電話が提供できなかったようなサービス、たとえば、ボイスメールで同一

[4]　前掲書→[3]

メッセージをいちいち反復せずに複数回送信する方法について、ＩＰ電話が解決法になることを発見した[5]。こうして、彼らはＩＰ電話事業に参入したベンチャー企業の最初の顧客になったのである。

既存企業からの反撃がないまま市場に参入を果たしたベンチャー企業は、橋頭堡を築いて他の市場セグメントへの進出を図ることができる[6]。時間が経つにつれて、ベンチャー企業は製品を支えるテクノロジーを改善する。これによって製品の実用性が高まり、さらに広い市場で認められるようになると、ベンチャー企業は事業を拡大する。ついには、最初は参入を受け入れていた既存企業から顧客を奪うのである。米国の鉄鋼業界を例にとろう。当初、大手の高炉メーカーは、ミニミルと呼ばれる小規模の電炉メーカーには自社の主要顧客を脅かす力はないと考え、参入を許した。彼らの主要顧客もまた、ミニミルの技術では彼らが求める表面仕上げの製品は供給できないだろうと考えた。しかし、時間が経つにつれて、ミニミルは計画的に鉄鋼製品の品質を改善し、高炉メーカーの顧客基盤を切り崩してしまったのである。

既存の組織構造による制約

既存企業は、現行の組織構造から生じる弱みに苦しんでいる。企業は事業を遂行するための組織を持っている。企業の組織構造はその活動に適合するように進化する。たとえば、製品の製造上、供給業者からいろいろと意見を聞く必要がある企業は、そうした意見を受け入れやすい組織構造を作る。

[5] P. Grant, and A. Latour, “Battered Telecoms Face New Challenge: internet Calling.” *Wall Street Journal*, October 9, 2003, pp. A1, A9.

[6] 前掲書→[3]

そこに、既存企業の弱みが生まれる。支配的デザインが出現すると、既存企業はそのデザインを採用し、これに代わるデザインへの投資を止める。既存企業は、採用したデザインに基づいた製品の製造、流通に適した組織構造とコミュニケーション・パターンを作る。したがって、支配的デザインが現れると組織構造は固定化される傾向にある。どんな組織構造になろうと、現在の製品デザインに関する情報の交換に都合のよい情報フィルターが設けられ、他の製品デザインの情報交換が難しくなる[7]。

新しい製品デザインが浮上してくると、既存企業の組織はその情報をフィルターで取り除いてしまう。その結果、既存企業は新しいデザインの必要性に気づかず、ベンチャー企業に先を越されることが多い。たとえば、電気自動車の設計を例にとってみよう。自動車メーカーでは、電気の専門家は少数である。どんな自動車でもバッテリーを備えているが、これはエンジンを動かすためのものではない。したがって、自動車メーカーのバッテリー部門のスタッフは、エンジン部品の設計者と交流する機会は少ない。電気自動車の設計には多面的な意見交換が必要であり、エンジン部品の設計者はバッテリーの専門家と交流しなければならないが、実際にはこの種の交流が欠けている。これが、電気自動車の設計に関する適切な情報交換の障害になっている。

既存企業の経営者が新しい設計の必要性に気づいても、こうした変化に合わせて組織を変えるのはとても難しい。電気自動車の設計のために組織を再編する場合、バッテリー部門のスタッフをもっと頻繁にエンジン部品のスタッフに接触させるだけでなく、彼らの立場を組織内で

[7] R. Henderson and K. Clark, "Architectural Innovation; The Reconfiguration of Existing Product Technologies and the Failure of Established Firms. *Administrative Science Quarterly* 35 (1990): 0-30.

一段と重要なものにしなければならない。これで彼らは会社の中核的使命を担って働くことになる。組織内で彼らの立場が上昇すれば、必然的に他の人の重要性が薄れる。こうした人たちはこぞって組織再編に抵抗するだろう。組織の再構築にはこの種の問題がつきまとうため、製品デザインの変更は既存企業にとって非常に代償が大きい。一方、ベンチャー企業には古いデザインによるハンディキャップがないので、新しいデザインとそれを支える組織をより容易に、より安価に採用することができる[8]。

業績に対する報奨の必要性

既存企業は、従業員に対して業績に見合った報奨を与えなければならない。この過程で二つの弱みが生まれる。一般に、既存企業は新しい製品やサービスの開発に十分な報奨を与えていない。従業員は固定給とわずかなボーナスを支給され、服務基準に従って執務することが要求される。従業員がきちんと仕事をしているかどうかをチェックするために、経営者は彼らを監視し、その成績を目標と比較する。さらに、既存企業では、仕事振りに関する情報が多岐にわたるので、従業員を人材市場とは切り離された、独自の尺度に基づいて評価しなければならない。大企業における分業制のもとでは、個人の業績が全体の業績に及ぼす影響は微々たるものだ。既存の大手企業は革新的な意欲を刺激するのに十分な報奨を与えない。そこで、従業員は自分の仕事のなかで報奨の対象となることにしか関心を示さない[9]。

新しい製品やサービスを創造するほどの能力の持ち主は、才能を発揮すれば目覚しい可能性

[8] 前掲書→[7]

[9] B. Holmstrom, "Agency Costs and Innovation." *Journal of Economic Behavior and Organization* 12 (1989): 305-27.

が待つベンチャー企業で働きたがる。その結果、既存企業には非常に才能のある製品開発担当者が定着しないことが多い。既存企業は、当然ながら最も才能のあるスタッフを儲かる中核事業で働かせ、新しい製品の開発には二流の人材を貼り付ける。

こうした弱みは、新しい製品やサービスを開発する人材に魅力的な報酬を提供するベンチャー企業に惹きつけるチャンスとなる。ベンチャー企業では、製品の開発に携わる人にストックオプションなどを与えるところが多い。こうした企業の多くは、きわめて優れた才能を持つ製品開発者を引きつけ、新製品の開発活動で既存企業を凌駕するのである。

官僚的組織における製品開発の難しさ

既存の大手企業には、このほかにも、新しい製品やサービスの開発を阻害するいくつかの欠陥がある。大手企業は緊密なコミュニケーションに欠けているところが多い。組織階層が何層にも重なっているため、マーケティングやエンジニアリングのスタッフがお互いに協力して製品の開発にあたることが難しい。多くの研究者が指摘しているように、こうした協力こそが製品の開発を成功させるために不可欠なのである。

既存の大手企業は、現行事業の効率性を確保するために厳しい規則や方針を設けている。柔軟性には限界があり、従業員は限られた自主性しか与えられていない。現在の事業活動の業績を確保するために必要な監視制度が、結果的に実験や効果的な製品開発を妨げている[10]。

一方で、ベンチャー企業ははるかに柔軟性に富んでいる。既存の大手企業よりも柔軟に、

[10] R. Kanter, "When a Thousand Flowers Bloom: Structural, Collective, and Social Conditions for Innovations in Organization." *Research in Organizational Behavior* 10 (1988): 169-211.

かつ効果的にマーケットやテクノロジーの変化に対応できる。たとえば、バイオテクノロジーのベンチャー企業であるアリアド[1★]がそうである。同社の創業者は、シグナル伝達[2★]では製品をマーケットに出すまでに時間がかかりすぎると判断し、研究の重点を遺伝子療法に切り替えた。同じ分野の研究をしている大手製薬会社は、アリアドのような柔軟性を欠いていたために、このような切り替えができなかった。

さらに、製品開発を効果的に行う戦略として、データの収集と分析が限られたものであっても、判断力を最大限に働かして、機会の評価と行動を同時に行う必要がある。既存企業では、こうした方法で意思決定をすることは難しい。目標や方針、手続き、予算、企業能力、その他多くの前例と摩擦を起こすからである。その結果、既存企業は新製品やサービスの開発についてお粗末な決定をすることが多い[11]。

STOP

1 既存企業と競争する場合、彼らの持つ優位性を侮ってはいけない。

2 既存企業と正面からぶつかってはいけない。新しい製品やサービスを開発するときの彼らの弱みを探さなくてはならない。

1★ Ariad Pharmaceuticals Inc.：本社は、マサチューセッツ州ケンブリッジ、1991年に創業、1994年にNASDAQ上場【NASDAQシンボル：ARIA】http://www.ariad.com/

2★ 細胞は外から刺激を受け、その情報を細胞内のタンパク質に伝え、それが最終的に細胞の増殖、分化などの反応を生じるが、このような細胞による情報の伝達現象

[11] D. Barton, *Commercializing Technology: Imaginative Understanding of User Needs* (Boston, MA: Harvard Business School Note 9-694-102, 1994).

3 ベンチャー企業に有利なビジネスチャンス

これまで見てきたように、既存企業には弱点があるため、ビジネスチャンスをものにすることができず、ベンチャー企業の登場を許してしまう。しかしそれだけでなく、本質的にベンチャー企業が追求しやすいビジネスチャンスもある。ここでは、ベンチャー企業に有利となるテクノロジー関連のビジネスチャンスについて、「独立性」「人的資本依存性」「汎用性」「不確実性」の四つの特性を紹介する。

独立性

ベンチャー企業の業績にとって最も望ましいのは、独立したテクノロジーに基づいて新しい製品やサービスを創造する場合である。独立したテクノロジーとは、単独で開発できるものである。これに対して、複合的なテクノロジーに基づく製品は、大きなシステムの一部として開発しなければならない。たとえば医薬品は、他のテクノロジーに頼らずに患者に投与できるので、独立したテクノロジーによる製品である。医薬品を使用するのに、注射器かカプセル以外のものが必要になることはめったにない。これに対して、車のワイパーは単独では使えない、複合的なテクノロジー製品である。自動車のバッテリー系統がなければ、ワイパーはまったく役に立たない。

ベンチャー企業は、独立したテクノロジーを追求すると有利になる。なぜなら、新しい製品やサービスを開発する際に、既存のテクノロジーへの依存度が減るからだ[12]。複合的なテクノロジーにおいて、新製品の価値が飛躍的に高まるのは、それが稼働するシステム全体を持っているときである。既存企業にはこうしたシステムが整っているが、ベンチャー企業はゼロから作り出す必要がある。このため、ベンチャー企業が複合的なテクノロジーから得るものは少ない。

対照的に、独立したテクノロジーはシステムの構築を必要としないため、この種のテクノロジー製品の開発では、既存企業とベンチャー企業のあいだには優劣の差はないのである。

人的資本依存性

ベンチャー企業にとって利用しやすいのは、物的資本よりも、人的資本に依存したビジネスチャンスである。これは、起業家がどのような性質のビジネスチャンスを追求しているかを見ればわかる。起業家が新しく発見するビジネスチャンスのうち、およそ四分の三は、その起業家が過去に勤めていた企業に関係している。そこでは、同じ顧客を相手にしたり、類似した製品を提供したりしているのである[13]。

人的資本が関係してくるのはこのためである。企業にとって、従業員から物的資産を遠ざけ、同じ顧客を相手とする起業活動を阻止することは比較的やさしい。しかし、彼らが貴重な人材を引き抜いて事業を始めるのを止めるのは難しい。米国の法律制度では、物的資産は雇用主の

[12] S. Winter, "Schumpeterian Competition in Alternative Technological Regimes." *Journal of Economic Behavior and Organization* (1984): 287-320.

[13] R. Young and J. Francis, "Entrepreneurship and Innovation in Small Manufacturing Firms," *Social Science Quarterly* 72 no. 1 (1991): 149-62

財産だが、人的資産は従業員の財産だからである。したがって、従業員にとっては、仕事を辞め、自分自身の人的資本を使って起業するほうが、以前働いていた場所から物的資本を持ってきて起業するよりもはるかに容易なのである。

たとえば、スキーのビンディングを作る事業を考えてみよう。既存企業は、従業員が会社を辞めて独立するとき、自社の製造機械を使わせないようにすることで、これを阻止できる。しかし、従業員の頭のなかにあるアイデアまでは阻止できない。従業員は、スキー板とブーツを固定する経験やノウハウを使って、新しい会社を創業することができるのである。

汎用性

ベンチャー企業は、用途が特定されたテクノロジーよりも、汎用性のあるテクノロジーを追求したほうがよい。汎用性のあるテクノロジーとは、複数の市場に適用できるものをいう。そのよい例がレーザーである。ＣＤやスーパーマーケットのバーコード・リーダー、レーザー・ポインター、その他多くの製品を作ることができる。

汎用性のあるテクノロジーは、起業家に柔軟性を与えてくれる。新しいテクノロジーをある市場に投入してうまくいかなければ、他の市場へ切り替えることができる。これによって、起業家はリスクに対して容易に対処できる。投資した案件がだめになり、無価値になる可能性を最小限に抑えるからである。また、この柔軟性によって、起業家は異なる市場で応用方法を比較してみて、最も成功率の高い方法を追求することができる。汎用性のあるテクノロジーは資金調達も容易になる。投資家は、汎用性があれば、成長性のある製品やサービスの開発の可能性が高まると考えるからである。

ところが、既存企業は汎用性のあるテクノロジーにうまく対応できない。既存企業が必要とするのは、現在の市場で、かつ自社のバリューチェーンのなかで価値を生むテクノロジーである。彼らが汎用性のあるテクノロジーの柔軟性を活用することはめったになく、いつの間にか現在の市場と製造プロセスの制約に縛られてしまう。既存企業は中核事業を重視するので、汎用性のあるテクノロジーへの投資には概して乗り気でない。彼らにとって、テクノロジーの価値が自社とは別の産業や別のバリューチェーンの場で見つかることはリスクなのである。このため、汎用性のあるテクノロジーは、ベンチャー企業にとっては貴重でも、既存企業にとっては障害になってしまうケースが多いのである。

不確実性

ベンチャー企業は、需要の予測がつかない新しい市場でビジネスチャンスを追求したほうが有利である。なぜなら、この種のビジネスチャンスは、既存企業が最も苦手とするものだからである。既存の大手企業は、アンケートやフォーカスグループから集めた膨大なサンプルデータに基づく市場調査で、強力なスキルを備えている。ベンチャー企業は、こうしたデータを集めて分析する資源と能力を欠いており、データの活用という点では既存企業にとうてい太刀打ちできない。しかし、市場が新しく、需要の予測がつかず、そのために非常に不確実性が大きい場合、大規模なサンプルによる市場調査はそれほど有効ではない。先進ユーザーとの密接な協力による少数のサンプル調査活動のほうが効果的だ。起業家は、既存企業よりも少ない情報量で意思決定できる。意思決定に関する大企業流の規則や基準を守る必要がないからだ。結果として、ベンチャー企業は不確実性が高い場合に、既存企業よりも優れた意思決定をすることが多い。

STOP

1 複合的なテクノロジーを開発する起業をしてはいけない。

2 以前の雇い主が所有する物的資本に基づいたテクノロジーによるビジネスチャンスを追求する起業をしてはいけない。

3 汎用性のないテクノロジーを開発する起業をしてはいけない。

4 需要が明らかに予測できる市場を追求するために起業をしてはいけない。

まとめ

第6の鉄則　既存企業の弱みにつけ込む

第6の鉄則では、テクノロジー起業家が既存企業の弱みにつけ込んで、ベンチャー企業を成功させる方法を取り上げた。

まず、ほとんどの場合、ベンチャー企業は既存企業との競争に勝ち目がない理由を説明した。既存企業は、製造とマーケティングの分野で学習曲線のはるか先まで到達し、その結果、新しい製品をベンチャー企業よりも効率的かつ効果的に製造し、流通させることができる。また、既存企業は評判効果でも有利であり、顧客と継続的な関係を維持している。一方、ベンチャー企業は、変化に対して抵抗感を持つ顧客の関心を引くために、既存企業より、はるかによいものを提供しなければならない。既存企業にはキャッシュフローの優位性がある。彼らはこのキャッシュフローを使って新しい製品やサービスの開発投資を行うが、そのコストは金融市場から資本を調達しなければならないベンチャー企業よりも安い。既存企業は規模の経済の点でも有利なことが多い。これはベンチャー企業がリスクを最小限にするために小規模で起業されることによる。最後に、既存企業はマーケティングや製造の補完的資産を所有しており、これが新しい製品やサービスの発売による収益の増加につながる。

既存企業はこうした点で有利だが、いくつかの弱みも抱えており、これが既存企業と競争する起業家にとって武器になる。既存企業は他の企業に対する競争優位を築くために効率性を重視するが、それが新しい製品やサービスの開発に目を向けない原因になっている。現在の能力を利用して価値を生みだすことに集中するあまり、新しい能力を構築する必要性を無視したり、軽視したりする結果になる。既存企業は現在の顧客を満足させる必要があり、そのために新しい製品やサービスを開発して新たな市場セグメントを攻めるチャンスを見逃すことが多い。既存企業には、意思疎通や情報の交換を制約する組織構造があり、これがある種のビジネスチャンスの追求を困難にしている。既存企業は、現在の職務の成績に従って従業員に報奨を与える必要があるので、技術革新に携わるスタッフに対する報奨に制約が生じる。彼らは既存の事業の遂行状況を管理するために階層的な組織体制をとっているが、これが製品の開発を妨げる。

ベンチャー企業が追求するのに都合がよい特性を持ったビジネスチャンスがある。ベンチャー企業にとって、複合的なテクノロジーよりも独立したテクノロジーを開発するほうがよい業績につながる。独立したテクノロジーは、既存企業のようなシステムを築かなくても開発できるからだ。物的資本は人的資本のように既存企業からベンチャー企業に簡単に動かせないため、ベンチャー企業は人的資本に基づく機会を追求したほうがよい。ベンチャー企業は単一用途のテクノロジーより汎用性のあるテクノロジーを開発するほうが、うまくいく。汎用性のあるテクノロジーは、ベンチャー企業に資金の調達やリスクの管理に役立つ戦略上の柔軟性を授けてくれるからである。また、汎用性のあるテクノロジーは、既存の能力の枠外にあるマーケットや製造プロセスに対する投資を必要とすることが多い。したがって、既存企業がその開発に乗り気を示すことはめったにない。最後に、不確実なビジネスチャンスを追求する場合、ベンチャー企業のほうが有利であることが多い。総じて、こうしたビジネスチャンスの評価には、既存の大手企業が得意とするフォーカスグループやアンケートに頼らない、先進ユーザーの活用などの市場調査の手法が必要だからである。

自己診断

1 あなたのビジネスチャンスについて、既存の大手企業はどのような利点を持っているか。
2 あなたのビジネスチャンスを追求する際に、既存の大手企業が求める効率性を自分に有利なように利用するにはどうすればよいか。
3 起業するにあたって、既存の大手企業が既存の能力を重視していることを、どうすれば自分に有利になるように利用できるか。
4 起業するにあたって、既存の大手企業が抱えている顧客を重視しなければならないことを、どうすれば自分に有利なように利用できるか。
5 既存の大手企業の事業体制や官僚的体質という弱点を、どのように利用できるか。
6 起業するにあたって、既存の大手企業の報酬制度を自分に有利なように利用するには、どうすればよいか。
7 あなたの利用しようとしているテクノロジーのどんな点が、ベンチャー企業にとって有利なのか。

第7の鉄則

知的財産を管理する

市場のニーズを満たす製品やサービスを世に出すことは重要だが、それだけでは成功の条件として十分ではない。製品やサービスがいくら革新的でも、それを模倣から守らなければ成功とはいえない。コピーされれば、新しい製品やサービスの販売による利益が模倣者へ流れこむので、イノベーションの対価を得ることができない。

残念ながら、新しい製品やサービスを模倣から守るのは容易でない。ほとんどの新しい製品やサービスは簡単にコピーできる。とりわけ既存の大手企業にとって、模倣は朝飯前である。既存企業は、堅固な販売体制や、効率的な製造工場など、多くの点でベンチャー企業に優っている。彼らがコピーに成功すれば、起業家よりも巧みに顧客を満足させてしまう。したがって、新しい製品やサービスを競合他社、特に既存企業の競合他社に模倣させない仕組みを考え出すことがベンチャー企業の命運を左右する。

ここでは、次のことをとりあげる。

- イノベーションの対価を確保することについて、その背後にある考え方。
- なぜ既存企業は簡単に模倣できるのか、なぜ起業家の模倣阻止が重要なのか、その理由。
- 模倣を阻止するための最重要課題の一つ、機密の管理。
- 模倣を阻止するためのもう一つの重要課題、模倣に対する法的障壁としての特許。

1 コピーは簡単、しかも有害

起業家は、顧客のニーズを満たす新しい製品やサービスの開発には能力を発揮するが、利益を確保するのはあまり得意でない。一方で、他社、特に既存企業にとって、起業家が開発した製品やサービスを模倣するのは非常に簡単なことだ。リチャード・レビンらの研究によれば、平均すると特許をとっていない新製品の約半数が、開発費の半分以下のコストで、六〜一〇社の競合に複製されているという[1]。また、エドウィン・マンスフィールドによれば、新しい製品やサービスの三分の一が平均六カ月以内に模倣される[2]。

既存企業は、起業家の新しい製品やサービスのコピーが得意だ。新しい製品やサービスをリバース・エンジニアリングでバラバラに分解し、その仕組みを解明するのである。ほとんどの場合、製品の仕組みさえわかれば、まったく同じものを違った方法で作るのはとても簡単なのである[3]。

競合がベンチャー企業の従業員を引き抜いて、その知識を吸収するのも容易である。米国の労働市場は非常に自由なので、従業員が現在の会社を辞めて競争会社で働くことが少なくない。多くの企業が競合の従業員を高い給料で引き抜いて、相手の製品やサービスの模倣の仕方を吸収している。従業員に競業避止契約にサインさせる企業もあるが、ある程度、模倣を阻止でき

[1] [3] R. Levin, A. Klevorick, R. Nelson, and S. Winter, "Appropriating the Returns from Industrial Research and Development." *Brookings Papers on Economic Activity* 3 (1987): 783-832.

[2] E. Mansfield, "How Rapidly Does Industrial Technology Leak Out?" *Journal of Industrial Economics* 34 no.2 (1985): 217-23.

るものの、実際に守らせるのは難しい。引き抜かれた従業員が、新しい雇い主によるコピーの開発を助けたとしても、彼が通常の人的資本以上のものを雇用者に提供したことを立証するのは非常に難しい。

新しい製品やサービスとよく似たものを作っているというだけで、競合がコピーの仕方を考えだしてしまうこともある。企業は、お互いによく似た新しい製品やサービスの開発に取り組んでおり、他社が小型化したとか、ちょっとした特徴を加えた作り方を考案したことを嗅ぎつけると、それだけでコピーした製品やサービスを考えだす会社もある[4]。

競合は、公開されている特許情報や出版物を調べて、起業家の新しい製品やサービスのコピー方法を考案することがある[5]。エンジニアや科学者は自分の活動分野について高度の専門知識を持っており、特許や出版物から得た断片的な情報から推定して、新しい製品やサービスの模倣の仕方を考えだすことができる。

競合他社がコピー製品を発売すれば、新しい製品やサービスの収益がたちまちのうちに蝕まれるため、非常に大きな問題だ。ある起業家が市場のニーズを満たす新しい製品やサービスを世に出したとしよう。最初のうちは、誰も同じものを提供していないので独占状態である。高い値段をつけて、高い利潤を手にすることができる。

しかし皮肉なことに、その起業家の成功は、競合にその製品やサービスを模倣する動機を与え、模倣した製品やサービスが発売されると、利益や顧客の一部が奪われてしまう。悪いことに、起業家の成功が明らかになればなるほど、模倣に対する動機が高まり、新しい製品やサー

[4] [5] 前掲書→[1]

ビスの成功要因に関する情報が伝わってしまうのである。

模倣者の行為が阻止できないと、利益をすべて失うことになる。模倣者は、製品やサービスをコピーするために、従業員、資産、原材料などオリジナルと同じ経営資源を手に入れようとする。そして、これらの値段をつり上げ、利益を削り取ってしまう。さらに、模倣者は顧客を奪う。顧客が一人ずつ奪われるたびに、起業家の利益は吹き飛んでいく。

起業家として成功するには、新しい製品やサービスの発売による利益を確保する方法を考案しなければならない。模倣の阻止以外の方法で利益を確保する仕組みは次の鉄則で検討するが、模倣を防止することは、起業家が成功するための大きな仕事の一つだ。模倣を防止するには、次の二つのうちいずれかの方法をとる。すなわち、新しい製品やサービスの開発法が競合に広がらないように情報を秘匿するか、他人の模倣を防ぐ法律的な障壁を設けることである[6]。情報を秘匿することで、情報の拡散を阻止することができる。また、特許を取得することで、模倣に対して法的な障壁を設けることができる[7]。

STOP

1 **製品やサービスを模倣するのに、競合が苦労すると考えてはいけない。**

2 **新しい製品やサービスを模倣から守るために、障壁を設けることを忘れてはいけない。**

[6] [7] S. Shane, *A General Theory of Entrepreneurship: The Individual-Opportunity Nexus* (Cheltenham, U.K.: Edward Elgar, 2003).

2 秘密主義

基本的に、新しい製品やサービスの開発方法に関する情報が競合に広がらないようにするには、秘密主義に徹しなければならない。たとえば、起業家が革新的な肥料の原料となる化学物質を発見したとしよう。もし肥料会社を創業するつもりなら、この発見を他人に明かすことはしないだろう。競合が新製品の開発の鍵が特定の化学物質だと気づかなければ、その物質を手に入れようとはしない。そうすれば、起業家の製品が模倣されることもないのである。

秘密主義が効果を発揮するとき

模倣を防ぐために、秘密主義を採用すると最もよく効果を発揮する条件がいくつかある。新しい製品やサービスの情報源が、起業家以外にほとんどなければ、秘密主義はうまくいく。競合は、模倣をするために情報を必要とする。もし、起業家からこの情報を得ることができなければ、彼らは第三者から入手しようとする。物事を秘密にしようとしても、第三者が情報を提供するようであればあまり意味がない。たとえば、コカ・コーラは原液の製法を秘密にしておくことができるが、近所のクリーニング店はドライクリーニング溶液の調合法を秘密にしておくことはできない。その店が調合法を誰にも教えなくとも、他の何千件かのクリーニング店のどこかが教えてくれる。しかし、コカ・コーラの経営者がその製法を教えないかぎり、それを知るすべはない。

新しい製品やサービスが複雑な場合、秘密主義はさらに有効だ。模倣のためには、ただその製法や設計図を入手するだけでなく、いかにコピーするかを理解する必要がある。製品やサービスが複雑になればなるほど、模倣は難しくなる。子どもの玩具の組み立てを考えてみてほしい。玩具のパーツが数点であればともかく、何百点ともなれば、たとえ取扱い説明書があったとしても、メーカーが意図するように組み立てるのは容易でない。

新しい製品やサービスを作るプロセスが十分に理解されない場合も、秘密主義は効果を発揮する。起業家の活動を模倣するには、何をやっているのか理解する必要がある。起業家の活動を理解できる競合が少なければ少ないほど、模倣の発生は少なくなる。たとえば、ある起業家が、屋外の配水管を洗浄するために、一定の温度で作用する化学薬品を使った混合液を開発したとする。配水管の詰まりや、そこから生じる水漏れの問題を抱えている家庭が多いので、手ごろな価格の混合液であれば相当な需要があるだろう。この溶液のことが知れわたれば、洗浄サービスで儲ける機会を嗅ぎつけて模倣者が現れるに違いない。

しかし、この新しい化学溶液の作り方のプロセスをよく理解していなければどうか。正確な分量の化学品を寸分違わないタイミングと適切な温度で混合しなければ、この製品の効き目がないようにすればよい。この化学品の混合プロセスが理解されなければ、模倣できる人は現れず、起業家はこの溶液で稼ぐことができる。

秘匿される情報が成文化されていない知識、つまり、その実行方法が文書化されていない知識である場合も、秘密主義は効果を発揮する。たとえば、工場の責任者は、異なった技能の作業員をどこに配置するかという判断力で組立てラインの高速稼動を確保している。また、セールスマンは、商談の途中で個人的な意見をはさむタイミングによって契約をまとめ上げる方法を会得している。

製品やサービスの開発に必要な知識を成文化しなければ、競合がその製品やサービスの製造や流通に使うプロセスを考え出すのが難しくなる[8]。頭のなかを覗き込むことはできないので、競合は起業家の知識を得ることができず、模倣が難しくなる。たとえば、起業家が従来よりも優れた製鋼プロセスを開発し、そのアイデアを頭のなかにしまい込んでいたら、競合には、同じ製法を真似することができないのである。

手順が文書化されていると、その書類を入手するだけで簡単に模倣できるが、文書化されていなければ、頭に情報を詰め込んだ人を引っ張ってくる必要がある。たとえば、ボイラー修理の専門知識について考えてみよう。その知識が書かれた文書をミシガン州の会社が持っていれば、オハイオ州の会社はその情報を取得してオハイオまで持ってくればよい。これは、その知識が文書化されず、ミシガン州の会社の従業員の頭のなかにある場合よりもはるかにやさしい。文書化されていなければ、競争会社はミシガンの従業員を引き抜いて、オハイオに転勤させなければならない。

情報を理解できる人の数が少ない場合も、秘密主義に効果がある。起業家が知識を秘密にし

[8] R. Nelson, and S. Winter, *An Evolutionary Theory of Economic Change* (Cambridge, MA: Belknap Press, 1982).

ている場合でも、同等のものを開発する技能と能力を持つ人が少ないほど、模倣する方法を考えつく人は少なくなる。カリフォルニア大学ロサンジェルス校ビジネススクールの研究者であるリン・ズッカーとマイケル・ダービーは、バイオテクノロジーのベンチャー企業について、この事実を明らかにした。彼らは、一流の専門知識を必要とするバイオテクノロジー企業は、最先端の科学技術を駆使できるのが一握りの科学者に限られているからこそ成功する確率が高いと指摘している[9]。

企業秘密

企業秘密は、新しい製品やサービスの秘密保持活動のなかでも特別なケースである。企業秘密とは競争優位を築く知的所有権のなかで、特許を取得していないものである。たとえば、石油精製や薬品製造の新しいプロセスは、ある種の企業秘密である。ほかにも、製造プロセス、顧客リスト、食品の調理法などもその対象である。ここで、ある事項を企業秘密にするための重要な条件をいくつか検討してみよう。

まず、確実に秘密を守るためには十分な措置を講じなければならない。そのためには、雇用主は、雇用法に詳しい弁護士に作成させた機密保持契約書を、全従業員に漏れなく署名させなければならない。しょせん、情報の秘密を守り通すことはできない。従業員に情報の漏洩を禁ずる義務でも負わさないかぎり、雇用主が情報秘匿の努力をしたと裁判で立証できないからである。

[9] L. Zucker, M. Darby, and M. Brewer, "Intellectual Human Capital and the Birth of U.S. Biotechnology Enterprises. *American Economic Review* 88 no.1 (1998): 290-305.

また、人が偶然に秘密情報を入手することがないように、積極的な手だてを講じなければならない。企業は「機密保持ルール」を立てる必要がある。重要な情報に接するのは、その情報が必要な人員に限るべきである。たとえば、コカ・コーラでは、同社の重要な企業秘密であるクラシック・コークの製法を知る人間は三人しかいない。このように製法の配布先を限定しておけば、外部への流出を防ぐのに役立つ。また、秘密の情報が存在する場所への立ち入りを制限し、会社の施設内に訪問者の立ち入り禁止区域を設ける必要がある。

経営者は、競合他社が企業秘密に関連する情報を入手できないように手段を講じなければならない。自社の開発製品やサービスに関して競合他社が自力で収集した情報は、それが合法的な手段によるものであるかぎり、使用を阻止する方法はない。ある起業家が牧草の生育を五〇%早める新しい肥料を発明したとしよう。競合が、出版物を読んだり、その起業家の顧客や供給業者から話を聞いたり、その肥料を分析するなど、合法的な手段を使って自力でその製法を発見した場合、まったく同じ肥料を製造、販売しても、それを止める方法はない。したがって、製品そのものより、製造プロセスのほうが企業秘密として優れている。市場で販売する製品の成分を秘密にしておくことは難しいが、その製造プロセスを秘密にしておくことはそれほど難しくないからである。

企業秘密を守り、模倣することを防ぐためには、その企業秘密が競争優位の鍵であることを表明しなければならない。すなわち、その企業秘密が価値の中心に位置していて、市場での優位性をもたらしていることを明文化できなければならない。

STOP

1 新しい製品やサービスを守るために、必要な法的措置を講じないまま秘密主義をとってはいけない。

2 次のような場合は、新しい製品やサービスを守るために秘密主義をとってはいけない。

- 新しい製品やサービスに関する情報源が多数ある場合
- 新しい製品やサービスが簡単に作れる場合
- 製造プロセスがよく知られている場合
- 新しい製品やサービスを作るための鍵となる知識が明文化されている場合
- 新しい製品やサービスを開発できる人が大勢いる場合

3 特許を取得する

新しいテクノロジー製品やサービスの生産方法を秘密にしておくことは、事実上不可能といってよい。そこで、起業家は、競合による模倣に対して法律上の障壁を築くことで、新しい製品やサービスの開発の収益を確保することができる。著作権、商標権、特許権など、模倣に対する法律上の障壁はいくつかあるが、実際に模倣の阻止にかなり効果がある手段は特許権だけだ。したがって、成功する起業家は通常、著作権や商標権よりも、特許権を中心に模倣に対する法律上の障壁を築いている。

特許権は、政府が発明者に与える独占使用権であって、ある製品またはサービスの製作に関する発明について、その仕組みの開示と引き換えに、二〇年間、他人にその使用を禁じるものである。[1★]その発明の新規性が、米国の特許当局によって認められることが特許取得の条件である。発明は、その分野の専門家がテクノロジーの開発段階において容易に考えつくことが明らかなものであってはならない。さらに、何らかの商業上の有用性を持つことが必要だ。また、これまでに公開の場または印刷物によって公表されたもの、すでに販売に付されたものであってはならない[10]。

強力な特許製品を持つことが起業家にとって特に重要な理由は、創業当初、それ以外の競争

1★ 日本においても、特許権の存続期間は特許出願の日から20年と定められている【特許法第六七条】

[10] U.S. Department of Commerce. *General Information Concerning Patents* (Washington, DC: U.S. Government Printing Office, 1992).

優位を欠くことが多いからである。設立早々の企業が既存企業に優る製造やマーケティングの能力を備えるのは至難の業だ。そうした劣勢のなかでも、強力な特許製品があれば、新製品が他社に模倣されるまでに、新規事業のバリューチェーンを築くことができる。特許が強力であるほど、またその有効範囲が広いほど、競合の模倣を阻止する効果が大きい。

さらに、バイオテクノロジーのように特許が非常に重要な業界では、強力な特許は資金調達上きわめて有効である。ベンチャー企業にとって、特許権は競争優位の立証手段であり、それが資金調達を容易にする。ベンチャー企業が失敗しても、特許権は売却できる。投資家は、いざという場合に「特許を銀行に持ち込む」ことができるのだ。

特許は非常に重要な模倣防止策だが、いくつかの限界がある。製品やサービスの特許を取得しさえすれば、模倣される心配はなくなると単純に考えてはいけない。

特許権の限界の一つは、米国の法律では工場設備、製造工程、機械、生産品、製法、デザイン、ソフトウェアにしか特許が認められないことだ。アイデアには特許権が認められない。したがって、サービスに対して特許を取得する道はほとんど閉ざされている[11]。たとえば、客扱いの丁寧さというコンセプトでは特許は取れない。起業家が製品の組成ではなく、優れたサービスの提供に価値を求める戦略をとろうとしても特許は取れないのである。2★

ビジネスモデルの特許がサービスの保護になんらかの効果があるかについては、まだほとんど実証されていない。アマゾン・ドット・コムは、オンラインで商品を購入するときに、顧客が再入力する手間を省くために「ワンクリック」方式を採用している。現在、このような「ビジネス

[11] 前掲書→[10]

2★ 日本の特許法は、特許発明を「自然法則を利用した技術的思想の創作のうち高度のもの」と定義している【特許法第二条一項】。ここでいう接客サービスは心理法則を利用したものであり、自然法則を利用したものではないため、日本では特許発明とは認められない

モデル」の特許取得は可能だが、この特許が認められてからまだ日が浅い。ビジネスモデルの模倣防止のためにこの特許はどこまで有効なのか。裁判所がこれをどう判断するか、予想するのは難しい[12]。

特許権のもう一つの限界は、特許権取得のために、その製品やサービスが既存の技術、すなわち以前に特許を取得した発明とどう違うかを明らかにする必要があることだ。特許権は、以前の発明に改良を加えたテクノロジーにのみ与えられる。新しいテクノロジーが以前のテクノロジーとまったく同じである場合には認められない。さらに、その発明が以前の発明を基礎にしたものであれば、特許権は以前の特許を引用する必要がある。この引用は、発明者の財産権を引用された特許に抵触しない範囲に限定する。特許の取得で最も重要なのは、何を発明したのかについて正確かつ強力な特許請求を作成することである。

特許請求の範囲が広ければ広いほど、特許による保護範囲が広がる。特許が認める財産権は特許請求の範囲に限られるからだ。請求範囲が狭ければ、他の企業がその発明にわずかな変更を加えて、その請求範囲を容易に迂回することができる。たとえば、アンモニアの混合プロセスよりも、化学物質を混合するプロセスについて特許請求を提出するほうが効果は大きい。前者はアンモニアによる混合プロセスの模倣を保護するだけだが、後者はすべての化学物質による混合プロセスを保護するからである。

特許請求が強力かどうかは、どうすれば判断できるのか。まず、特許内容を調べて、発明の同一性を損なわずに、請求の範囲を変えたり、その一部を削ったりすることができるかを検討

[12] O. Fuerst, and U. Geiger, *From Concept to Wall Street: A Complete Guide to Entrepreneurship and Venture Capital* (New York: Financial Times Prentice Hall, 2003).

してみるとよい。たとえば、ある特許が二つの金属の接合に特定の接着剤を使用するプロセスを内容とするものであれば、他の接着剤を使っても二つの金属を接合することはできるので、この特許請求の効力は弱い。この請求者の接着剤と違うものを使いさえすれば、この特許を迂回することができる。

次に掲げる例は、アンチロック・ブレーキ・システムに関する特許である。[1]最初の特許請求は次のとおりである。

「少なくとも二本の車軸、車輪速度の感知装置および一車軸につき少なくとも一つのブレーキ圧調整用の変調器を備えた車輪つきの車両であって、四チャネル、四ステージエンドの電気式制御装置を有し、上記の少なくとも二本の車軸のうちの少なくとも一本が、少なくとも一本の当該車軸上の車輪に共通の制御を行うために、上記の少なくとも一つの変調器の一つを備え、上記の少なくとも一つの変調器が上記の電気式制御装置の四エンドステージのうちの二エンドステージによって共通に作動し、上記の少なくとも一つの変調器を上記の電気式制御装置に連結する一個の継ぎ手を有する、車両用のアンチロック・ブレーキ・システム」

この特許は、取り付けられたアンチロック・ブレーキ・システムが保護されるべき車両という観点から見ると効力が大きい。このアンチロック・ブレーキ・システムが保護しているのは、自動車とトラックだけではない。「少なくとも二本の車軸、車輪速度の感知装置および一車軸につき少なくとも一つのブレーキ速度調整用の変調器を備えた、車輪つきの車両」のすべてを保護する

1★　U.S. Patent 6,622,077 Anti-lock braking system and method.

のである。この種の車両はかなり広範囲のもので、特許取得者に相当広範な保護を与えている。しかし、この特許はアンチロック・ブレーキ・システムが保護されるべき車両の特性という観点から考えると強力とはいえない。この特許は、車輪速度の感知装置および一本の車軸につき少なくとも一つの変調器を備えた車両のアンチロック・ブレーキ・システムを保護しているのであって、「すべての車両」よりは狭い範囲になっている。さらに、この特許は、「アンチロック・ブレーキ・システムおよびその他の電気式システムに対する診断モード選択システム」という文言で先行特許を引用している。結果としてこの特許は、アンチロック・ブレーキ・システムに対する診断モード選択システムに関する財産権については、保護を受けていない。

特許のもう一つの限界は、多数の特許を取得しなければ効果的でないことが多い点である。多数の特許をとれば、特許の範囲が広がり、製品やサービスに防護の壁をめぐらすことができる。これは単一の特許に比べて高くつくし、また取得も困難になる。特許の請求が必ずしもすべての面で、取得要件である新規性、進歩性を満たしているわけではなく、また特許をとる価値があるわけでもない。さらに、特許の効力は特許請求の範囲に限られるし、強力な特許請求を持った特許をいくつも取得するのは非常に難しい。

履いている人の行動に応じてクッションを調節できる靴を発明したマサチューセッツ工科大学の学生、ロナルド・デーモンの起業を例にとってみよう。新しい靴が大手メーカーに模倣されないように、彼は特許による保護を得ようとした。ところが、特許による保護の基準である新規性、進歩性、実用性を満たす点がほとんどないという理由で、靴全体におよぶ特許の保護を得ることはできなかった。彼が得たのは靴の特定部分の特許だけだった。靴メーカーが同じ目的を達するために違った方法を見つければ、その特定部分を迂回されてしまう。新しい靴がコピーされないよう、彼は多くの特許をとる必要に迫られた[13]。

特許の取得には多額の費用がかかる。すべての申請費用や法務費用を含めて、特許一件当たりの標準コストは約一万五〇〇〇ドルにもなる。しかし、これが特許取得にかかる費用のすべてではない。特許による保護は、特許が与えられた国でしか有効でない。最初の費用に、特許による保護が必要な国の数を乗じなければならない。製品を海外で販売するつもりなら、特許を米国でとっただけでは実際には大して役に立たない。模倣者は米国での特許の開示を読み、発明者が特許をとっていない国でそれを利用すれば、合法的に模倣できる。また、特許を取得するためには、発明の内容を開示しなければならない。米国で特許申請を行えば、事実上他の国の人に、特許に基づいた製品やサービスの製作方法を教えることになる。したがって、欧州やカナダ、日本の企業に、その所在国で製品を模倣されたくなければ、一件の特許のために約六万ドルを支払うはめになる。

また、特許制度は国によって異なるので、さらに費用が増える。米国では、新しいテクノロジーの最初の発見者に特許が与えられる。これに対して、ローマ法に基づく法制を敷いている国では、発明を最初に申請した当事者に特許が認められる。したがって、米国の起業家は、ローマ法に基づく特許制度のラテンアメリカ諸国で特許を取得する場合、他人に先手を打たれないうちに急いで申請をしなければならない。これでまた、余計な費用を支払わざるをえない[1★]。

[13] D. Debelak, "Patent Lather," http://www.entrepreneur.com/article /0,4621,274473,00.html (accessed 2000).

1★ 国際的に見ると、米国は世界で唯一、先発明主義【先に発明した者に特許を与える】を採用している。日本を含む他国は、先願主義【先に出願した者に特許を与える】を採用している

一件の特許では効力が弱いという事実に国別の事情が加わると、一つの新しい製品に対する費用は優に一〇万ドルを越える。もちろん、これは最初にかかる費用の話だ。製品やサービスを模倣から守るために特許裁判所で訴訟を起こせば、弁護士を雇う必要がある。訴訟は特許上の権利を行使するための手段だからである。

特許の防衛費用もかなりのものである。特許を侵害から守るために、発明者の弁護士は、模倣者が特許を侵害したこと、またその結果、発明者が損害を被ったことを明らかにしなければならない。訴訟手続きに入れば、防衛費用は数百万ドルに達することもある。

既存企業は、起業家が特許による保護の権利を行使することがいかに高くつくか承知している。そこで、往々にして特許防衛に対する起業家の姿勢を試してみることがある。彼らは特許を取得した発明品を意図的に模倣し、最終的には損害賠償をしなければならないリスクをあえて冒す。特許を侵害したと認められた模倣者は、三倍の賠償を支払わなければならない。しかし、訴訟がそこまで行かないうちに断念する起業家が多いことを既存企業は知っている。数年間におよぶ特許権行使の訴訟で勝つ前に、現金や精力を使い果たしてしまう起業家が多い。結局、ほとんどの起業家が、三倍の賠償額以下の金額で和解するか、資金力に優る競合との闘争をあきらめる。

特許の効力が必ずしも模倣を防止できるほど強いとは限らない。特許の範囲が狭すぎて、大した役目を果たせない場合がある。前述のように、特許の効力は特許請求の範囲に限られる。先行特許が効果的な特許請求をすでに押さえていて、非常に限られた範囲の保護しか与えられないこともある。

また、模倣者が特許を避けた発明をして、特許を侵害することなく、同じ目的を達することがある。通常、同じ目的を達する技術上の方法はいくつもあるので、回避型の発明でも特許の取得は可能である。たとえば、模倣者は、回路設計を変えることによって、ある電子装置の特許を回避する発明をし、同じ機能を果たす模倣製品を作ることができる。

ティーボが、ディッシュ・ネットワークという衛星テレビ・サービスを提供しているエコスター・コミュニケーションを訴えた事件はこの好例である。ティーボは、デジタルビデオ画像をハードディスクに録画するディッシュの方法が特許を侵害したと主張している。しかし、ディッシュがティーボとは異なる方法で録画していれば、代わりの技術的手段を用いて同じ目的を達していることになり、ティーボの特許の効力はエコスターの製品には及ばない[14]。

訴訟で特許を守る際には、他の人が特許を侵害したことを立証するのが非常に難しかったり、お金がかかったりすることがある。誰かが特許を侵害したと思うことと、それを裁判所で立証することはまったく別の問題である。現実に侵害が発生したことを立証するのに必要な証拠を収集できないこともある。また、特許を守るための固定費があまりに高すぎて、裁判制度を利用して特許を最後まで守り通すことが、費用倒れに終わることもある[15]。

さらに、テクノロジーは非常に多様な方法で急速に発展するため、特許がとれた時点で発明者全員の特許請求が重複し、お互いにライセンス契約を結ぶ必要が生じることがある。これでは、特許を保有することによる優位性が損なわれる。また、特許の費用は固定費的性格がかなり強い。

[14] L. Gomes, "Though a Trailblazer, Is Tivo Overreaching in Its Patent Claims?" *Wall Street Journal*, February 9, 2004, p. B1.

[15] 前掲書→[1]

特許による価値が少ないわりに、費用が高すぎて、特許の取得が割に合わないこともあるのだ[16]。

そのうえ、特許の取得には、発明内容の開示が必要となるため、製品やサービスのコピーが容易になることは明らかだ。開示の代償として二〇年間の独占権が与えられるが、開示による犠牲のほうが大きいこともある。どちらの選択がよいかの格好の例が、コカ・コーラの調合法だろう。この調合法はこれまで特許申請されたことがないが、もし特許をとっていたらどうなったか。独占権はとうの昔に期限切れとなり、競合他社がコカ・コーラとまったく同じ化学成分で、同じ味のソフトドリンクを製造していただろう。製法の特許をとらなかったおかげで、同社は競合他社がコカ・コーラとまったく同じ製品を作れないようにしてきたのだ。

最後に指摘しておきたいのは、特許の効力がそれほど強くない産業が多いことだ。一般に、中核的テクノロジーが生物学的か、化学的なものである産業は特許の効果がある。しかし機械的か、電気的なものである産業では、それほど有効ではない[17]。その理由は、代替的な技術的手段で同じ目的を達することができるかどうかに関係がある。生物学的あるいは化学的なものは、その仕組みに多少の修正を加えることで同じ目的を達することは難しいが、機械装置や電気装置ではそうでもない。たとえば、医薬品は非常に精密な分子構造でできており、少しでも変更を加えると有益なものから有害なものに変わる。これに対して、ほとんどの機械装置は構造が違っていても、同じ目的を果たすことができる。

全産業にわたって特許の有効性の相違を調査した研究がある。表1は、「エール大学イノベーション調査」のデータを編集したものである。これは、一三〇を超える業種の六〇〇人以上の

[16][17] 前掲書→[1]

研究開発マネージャーに彼らの業界における特許の有効性をアンケート調査して、全産業にわたる特許の有効性を調べた研究である。この表を見れば、医薬品と化学産業では特許は非常に有効だが、モーターや発電機、コンピュータ産業ではそれほど効果がないことがわかる[18]。

表1　産業別に見た製品特許の有効性

産業	有効性[注]
医薬品	6.5
有機化学	6.1
無機化学	5.2
鉄鋼製品	5.1
プラスチック製品	4.9
医療機器	4.7
自動車部品	4.5
半導体	4.5
ポンプおよびポンプ装置	4.4
化粧品	4.1
計測機器	3.9
航空機およびその部品	3.8
通信機器	3.6
モーター、発電機および制御装置	3.5
コンピュータ	3.4
パルプ、紙および板紙	3.3

［注］7点満点評価、7点は「非常に有効」を意味する

STOP

1 特許が新しい製品やサービスを守ってくれると思ってはいけない。あなたの置かれた状況で効果があるかどうかを判断すべきである。

2 新しい製品やサービスを守る手段として、特許と企業秘密のどちらが効果的か、比較を忘れてはいけない。場合によっては、企業秘密のほうがよいかもしれない。

［18］前掲書→［1］

［表1-出典］前掲書→［1］p.797.

まとめ

第7の鉄則　知的財産を管理する

第7の鉄則では、新しい製品やサービスの多くが、特に大手の既存企業によって模倣されやすいことを説明した。

企業は、競合他社の製品をリバース・エンジニアリングして仕組みを把握し、その機能を複製することが多い。また、彼らは技術革新力のある企業の従業員を引き抜いて、開発方法に関する成文化されていない知識を収集することがある。また、既存企業は、往々にして特許書類や出版物、その他の文献を調べて文書情報を集め、起業家が開発した新しい製品やサービスを模倣する。既存企業は、自社も同じプロジェクトを推進しているので、起業家が開発した新しい製品やサービスを模倣しやすい立場にある。また、自社の研究開発部門を通じて模倣に必要な情報を収集しているところも多い。

ベンチャー企業に比べて、優れた製造設備やマーケティングの能力を持つ大手の既存企業は、新しい製品やサービスをたやすく模倣することができる。これは、新しい製品やサービスを開発した起業家の利益が蝕まれることを意味する。したがって、成功するためには、二つの選択肢、すなわち秘密主義か特許の取得によって、模倣を最小限に抑えるための断固とした行動をとらなければならない。

秘密主義は、新しい製品やサービスの製作方法に関する情報への他人の接近を禁じて、こうした製品を生むかけがえのない能力を守るプロセスだ。秘密主義は、次のような条件のもとでは戦略としてきわめて有効である。すなわち、起業家のほかに新しい製品やサービスの製法を知る情報源がほとんどないこと、製品やサービスが複雑なものであること、その複製品が作れるほどの情報を持った人の数が限られていること、知識が文書化できないものであること、さらに製品やサービスを作るプロセスの理解が難しいことなどである。

秘密主義に代わるものとしては特許がある。特許は、発明の内容の開示と引き換えに、二〇年間その発明の模倣を他人に禁じる、政府が認めた独占権である。テクノロジー起業家にとって、特許は、競合が模倣しないうちに新しい企業を設立し、新製品の製造と販売に必要なバリューチェーンを築くための重要なツールである。

特許は模倣を防ぐ貴重な手段であるが、いくつかの限界がある。特許が有効な製品やサービスの種類は少ない。模倣を防ぐのに十分な効力を持つ特許を得るためには、新しい製品が従来の技術に比べて著しく改良されていることを明らかにしなければならない。

また、一つの製品を守るために多数の特許が必要なことが多いので、特許の取得は高くつく。特に、単一の製品を守るために多数の特許が必要なこと、また複数の国で特許の保護が必要な場合があることを考えるとなおさらだ。そして、特許の効力は必ずしも強力ではない。特に、特許範囲が以前の技術による制限を受けている場合、効力はさらに弱くなる。特許は発明の開示を必要とするが、開示は独占による保護の利益を帳消しにする可能性がある。また、特許があまり有効でない産業は多く、特に機械的および電気的テクノロジーに基づいた産業では顕著である。

自己診断

1 あなたの製品やサービスは、競合にとってどれくらい模倣しやすいか。

2 あなたの製品やサービスは、秘密主義で守れるか。

3 あなたの製品やサービスを企業秘密として守るために、何をする必要があるか。

4 あなたの製品やサービスで特許を取得できるか。

5 あなたの製品やサービスの特許は、どれくらいの効果があるか。

6 あなたの製品やサービスを特許で守るために何をする必要があるか。

7 特許と企業秘密では、どちらが有益か。

第8の鉄則

イノベーションの利益を専有する

企業秘密の保持や特許の取得は、新しい製品やサービスの利益を専有するための重要な手段である。だが、利益を専有する手段はこれだけではない。他にも学習曲線、ブランド、先発企業の優位性、補完的資産などがある。こうした手段は、利益の専有という点では起業家よりも既存の大手企業に有利である。それでも、利用できる選択肢として頭に入れておく必要がある。多くの新しい製品やサービスは、企業秘密や特許では守ることができない。スノーボードのビンディングのデザインを考案しても、その特許を取ったり、企業秘密にするのは難しい。

学習曲線、ブランド、先発企業の優位性、補完的資産などの仕組みは、新しい製品やサービスの利益を専有するうえで、特許よりも効果がある[1]。事実、研究によると、特許によって利益の専有に成功した例は、ベンチャー企業の成功事例のうち、およそ三分の一しかない。一方、製造とマーケティングの補完的資産による成功例は四三%を超える。ブランドによる成功例は五〇%以上である[2]。

第8の鉄則では、資源の支配権の確保、よい評判の確立、学習曲線の活用、先発企業の優位性の確保、製造・マーケティング・流通における補完的資産の活用など、新しい製品やサービスの市場への導入によって利益を確保する方法について検討する。また、それぞれの手段が有効となる条件についても説明していく。

[1] [2] W. Cohen, R. Nelson, and J. Walsh, "Protecting Their Intellectual Assets: Appropriability Conditions and Why U.S. Manufacturing Firms Patent (or Not)." *NBER Working Paper*, No.7552, 2000.

1 資源の支配権を確保する

新事業を実現するために必要な資源を支配すれば、利益を専有できる[3]。たとえば、ある起業家がアルミ精錬事業への参入を計画しているとしよう。アルミの精錬にはボーキサイトが必要であり、その生産は一定の鉱山に限られているため、ボーキサイト鉱山を支配すれば、アルミ精錬事業を専有できる。

では、どうすれば資源を支配できるのか。すべての供給源を買い占めるのも一つの手だ。世界中のボーキサイト鉱山を買ってしまえば、誰もボーキサイトを入手できない。もちろん、買収には巨額な資金が必要だ。ボーキサイト鉱山は決して安くはない。これに対して、契約によって支配する方法もある。すべてのボーキサイト鉱山会社とボーキサイトの全産出量を買う契約を結ぶのである。これで他の企業を供給源から締め出し、アルミ精錬事業の利益を専有できる。

この戦略の鍵は、事業を実現させるために必要な原材料の供給源を発見することだ。供給源さえ支配してしまえば、新事業による利益を専有できる。だが、同じ原材料や機材でも、目的を達成するための優劣がある。代替品が容易に入手できるなら、この戦略は使えない。たとえば、起業家が支配しようと狙ったのがボーキサイトではなく、それを精錬所まで運搬するためのトラックであったとしよう。他の企業はトラックの代わりに鉄道貨車を使えばよいので、

[3] S. Shane, *A General Theory of Entrepreneurship: The Individual-Opportunity Nexus* (Cheltenham, U.K.: Edward Elgar, 2003).

この戦略には効果がない。

この戦略は、サプライチェーンのボトルネックを狙わなければ、うまくいかない。すべての製品やサービスには無数の材料や資材がある。サプライチェーンのなかでボトルネックになっている材料や資材があるとき、それを支配すれば戦略効果が高まる。

再びアルミ精錬を例にとって考えてみよう。この事業で利益を確保するために、ネジの供給源を支配するのは馬鹿げている。ネジも確かにアルミ精錬に必要な資材で、他の手段で代替できないかもしれないが、ネジの供給業者は無数にある。ネジの買い占めはおろか、全業者と契約を結ぶことさえ、ベンチャー企業にとっては手に余るだろう。

STOP

1 利益を専有する手段として、容易に代替できる資源を支配してはいけない。

2 利益を専有する手段として、資源がサプライチェーンのなかでボトルネックでないかぎり、支配を試みてはいけない。

2 よい評判を確立する

新事業の利益を専有するもう一つの方法は、よい評判を確立することだ。最良の製品やサービスを提供しているという評判を作り出すのである。よいブランドを作ることで、顧客の頭のなかに「競合よりも優れた製品やサービス」という認識を植えつけることができる。そうすれば、競合の値段が多少安くても、そちらに乗り換える動きを抑制できる。

「他社の製品は乗り換えるに値しない」という顧客の認識が強まれば強まるほど、新しい製品やサービスの利益を多く確保でき、他社がコピー製品で顧客を奪うことも難しくなる。

たとえば、ある起業家が新しいエネルギー節約型の蒸気ボイラーを開発したとしよう。この種の蒸気ボイラーを製造している競合は多い。しかし、その起業家が、自社製品は他社より優れていると信じ込ませることができれば、他社が安値で販売しても、顧客に乗り換えられることはないだろう。

新しい製品やサービスの利益を専有するためにブランドイメージを利用するなら、ブランディングに投資しなければならない。ブランドを開発するのは、少額の投資ですむ。その場合、ブランドは口コミでゆっくりと広まっていく。反対に、多額の投資、つまり広告に大金を費やせば、ブランドは急速に広まっていく。企業は、広告によって顧客に新しい製品やサービスの品質に関する情報を提供し、その品質は競合他社に優るという説得を試みる。

広告を使うには重要な条件がある。ベンチャー企業がブランドイメージを築くには、かなりの投資が必要だ。既存の大手企業とは対照的に、起業家が新しい製品やサービスに広告を用いることはめったにない。広告は規模の経済の効果が大きい。総じて、限界費用に対して固定費用の比率が大きいのだ。広告を制作し、それをラジオやテレビで流したり、印刷物にしたりする費用は、生産量に関係なく固定的である。創業したばかりで、製品やサービスの生産量がわずかなうちは、製品一単位あたりの広告費用が非常に高くなる。のちに生産量が増えれば、単位あたりの広告費用は下がってくる。

広告でブランドの知名度を確立するのは時間がかかる。広告であろうが、何であろうが、人の頭脳が一時に処理できる情報の量は限られている。人が広告を見る度に吸収する量もたかがしれている。広告を本当に効果的なものにしたいなら、長期間にわたってメッセージを繰り返すことが必要だ。効果が現れるまで、広告に投資しつづけなければならない。

規模の経済があり、人に価値を認識させるのに時間がかかるとなれば、広告でベンチャー企業のブランドイメージを築くには多額の資金調達が必要だ。したがって、新事業の利益を確保するには、起業家は広告以外の手段を使うべきである。ブランドイメージの構築は、企業が成長し、確固とした足場を築いてからにしたほうがよい。

STOP

1 製品やサービスを初めて発売する際は、模倣を防ぐためにブランドを利用してはいけない。

2 他社の製品やサービスへの乗り換えを阻止するために、広告が効果を発揮しない場合は、ブランドイメージを築く戦略をとってはいけない。

3 学習曲線

企業は、生産量が増えるにしたがって、製品の生産や販売の方法を改善することができる。製品の生産や販売の経験を通じて、改善の方法を学ぶからだ。これは学習曲線と呼ばれ、企業が経験から優位性を得ることを意味する。これによって、新しい製品やサービスの利益を専有できる。生産や販売の経験が豊富な企業は、競合よりも効率的に製造や販売を行ったり、他社が追随できない特性や機能を製品に盛り込んだりできる。ソニーは、多くの新規参入企業よりもコンパクトディスク・プレイヤーを安く製造できる。これは、彼らが製造や販売を効率化する工夫を重ねてきたからだ。

学習曲線の特質を、起業家は理解しておく必要がある。重要なポイントは二つだ。まず、定義が示すとおり、学習曲線による優位性は経験によって左右される。そのため、既存企業が多数存在する業界においては、発足したばかりのベンチャー企業に、学習曲線による優位性はない。その産業の後発企業として創業する場合、学習曲線によって優位性を築くことは難しいのである。

また、学習曲線による優位性は、学習の独占の程度によって大きく左右される。経験から得た有益な情報も、後発企業に多少は漏れるものである。創業が早かったにもかかわらず、学習曲線による優位性を活用できない場合もある。たとえば、初期のインターネットによる衣料小売り企業の多くは、後発企業に先を越されてしまった。後発企業は、経験を積んだ先発企業が失敗したケースから、試着なしで衣料を買わせるオンラインビジネスの問題点を学んだ。学習結果の秘密を守れなかったために、初期の先発企業は学習曲線の優位性を失った。

経験による効果が他社に漏れて、学習曲線の優位性が失われることを防ぐにはどうしたらよいのか。学習成果を成文化しないことだ。文字に著されていない知識を、実際に作らずに吸収するのは難しい。成文化された知識は文献から入手できるが、そうでない知識は実践によってのみ得られるからである。

航空宇宙産業では、学習曲線による優位性が、新しい製品の発売による利益を確保する重要な手段になっている[4]。航空宇宙産業のエンジニアは、航空機の製造を通じて大量の成文化されない知識を蓄積してきた。この知識はエンジニアを雇用している企業にしか入手できない。航空宇宙産業における学習曲線の効力は、バイオテクノロジー産業よりも強力だ。後者では学習の成果の多くが成文化されている。操業中の企業が発表した論文や特許の公示を読むことで、その内容を学ぶことができる。バイオテクノロジーでは学習曲線の独占度が低く、イノベーションによる利益確保の手段としての有効性に欠ける。

STOP

1 あなたの企業が、産業のスタート時に設立されたのでないかぎり、学習曲線の優位性を用いて新しい製品やサービスを守ろうとしてはいけない。

2 その産業における学習の成果が独占的なものでないかぎり、学習曲線の優位性を用いて新しい製品やサービスを守ろうとしてはいけない。

[4] R. Levin, A. Klevorick, R. Nelson, and S. Winter, "Appropriating the Returns from Industrial Research and Development." *Brookings Papers on Economic Activity* 3 (1987): 783-832.

4 先発企業の優位性

先発企業の優位性は、学習曲線と関係が深い。が、それだけではない。先発企業は、経験から得るものはなくても、市場に一番乗りしたという事実だけで優位性を持つ。たとえば、先発企業の会計用ソフトを購入した顧客は、後発の競合他社の製品に買い替えるのを、費用の面で躊躇する。したがって、先発企業は、競合他社が類似製品やサービスを出したあとでも顧客を維持することができる。

先発企業の優位性は、テクノロジー起業家にとって重要だ。文字通り、他社に先駆けて企業を設立した瞬間から、新製品の発売による利益を専有できるからである。学習曲線や評判の効果と異なり、先発企業の優位性は、既存の大手企業よりもむしろ独立独歩の起業家にとって有益なものである。

とはいえ、先発企業が有利になるのは、いくつかの場合に限られる。製品やサービスがネットワーク外部性を備えていれば、先発企業は有利である。ネットワーク外部性とは、ユーザーの数が多ければそれだけ価値が高まるという状態である。電話を使う人の数が増えれば、電話で連絡できる相手が増えるので電話の価値が高まる[5]。

ネットワーク外部性から生じる先発企業の優位性を活かしたベンチャー企業の好例は、イー

[5] C. Shapiro, H. Varian, "The Art of Standard Wars." *California Management Review* (winter 1999): 8-32.

ベイだ。インターネット・オークションは、参加者の数が多ければ多いほど価値が高まる。参加者が増えれば競売にかける品数が増え、それを探す買い手も増えるからだ。先に顧客を押さえたイーベイは、集客が難しくなった他の企業に対する優位性を確保した。

他の製品への乗り換え費用が高い場合も、先発企業が有利である。コンピュータ・ソフトを例にとってみよう。アップルとマイクロソフトのOSを相互に乗り換える費用は決して安くはない。企業がいったんどちらかのOSを採用すると、そのシステムに応じたソフトを買わなければならない。OSを乗り換えると、それまでに買ったソフトへの投資はすべて損金処理となる。

アップルのOSに基づいたグラフィックス・ソフトを、ウィンドウズのOSに基づいたソフトに乗り換えるのは難しい。ソフトの乗り換えはコンピュータ本体の変更を意味する。顧客は高額の乗り換え費用を覚悟しなければならない。マーケットへ一番乗りしたアップルのOSの規格に合わせたソフト製造企業は、こうして後発企業に対する優位性を確保した。

実際の乗り換え費用が高くなくても、心理的なものが働く場合には、先発企業の優位性が発生する。一般に、人は現状を維持する気持ちが強いので、製品の乗り換えには抵抗を感じる[6]。現状維持の心理のおかげで、先発企業はブランドイメージを築く広告費用のような支出を低く抑えることができる。ある製品を最初に開発した企業が支出する、獲得した顧客一人あたりの広告費用は、後発企業に比べて少ない。さらに、顧客は一般に、新しい製品やサービスに乗り換える際にプレミアムを要求する。後発製品のメーカーは、先発製品のメーカーと同等の認知

[6] K. Sandberg, "Rethinking the First Mover Advantage." *Harvard Management Update* 6 no. 5 (2001): 1-4.

を得るために、販売促進に多額の投資をしなければならない[7]。さらに重要なことは、後発製品は、顧客に乗り換えてもらうために、先発製品に比べて品質や性能面が多少優れていればよいという程度ではすまない。先発製品は、後発製品を比較するときの基準になる。顧客は、先発製品に比べて著しく改良を加えた製品でなければ進んで乗り換えようとはしない。先発企業には、その製品分野において標準的な選択肢になれるという優位性がある[8]。

STOP

1 ネットワーク外部性を備えたビジネスでは、後発企業になってはいけない。

2 顧客の乗り換え費用が低い場合は、先発企業の優位性によって新しい製品やサービスを守ろうとしてはいけない。

[7] R. Kerin, P. Varadarajan, and R. Peterson, "First Mover Advantage: A Synthesis, Conceptual Framework, and Research Propositions." *Journal of Marketing* 56 (1993): 33-52.

[8] M. Mellahi, and M. Johnson, "Does It Pay to Be a First Mover in E.commerce?" *Management Decision* 38 no.7 (2000): 445-52.

5 補完的資産

最後に補完的資産を紹介しよう。補完的資産とは、新しい製品やサービスとともに使用される販路や製造プラントのことである[9]。

製品やサービスが競合に比べて革新性の点で劣っていても、補完的資産のおかげで販売がうまくいくことがある。たとえば、自動車の販売がそうである。ヒュンダイ1★は、GMよりも技術的には革新的かもしれないが、米国内での販売台数ではGMに圧倒されている。ヒュンダイには米国で代理店、つまり自動車製品に対する補完的資産のない地域が多数ある。GMは優れた補完的資産のおかげで、ヒュンダイより革新性の劣る車でも販売できる。

テクノロジー起業家が新事業のために補完的資産を利用するのは、それほど簡単な話ではない。創業時に、製造やマーケティングの補完的資産が整っていることなどめったにないが、競争相手の既存企業には、すでにこうした資産が揃っている。したがって、新事業の利益を確保するために補完的資産を利用するという点では、既存企業が有利なのだ。

起業家が補完的資産を活用して利益をあげる可能性は少ない。しかし、利益確保の手段として、補完的資産について理解しておくことは無駄ではない。起業家が顧客に好まれる革新的な製品を持っていても、既存の大手企業との競争に負けて、挫折に追い込まれる可能性が高い

[9] D. Teece, “Profiting from Technological Innovation: Implications for Integration, Collaboration, Licensing and Public Policy,” in *The Competitive Challenge*, ed. D. Teece (Cambridge, MA: Ballinger, 1987).

1★ 韓国有数の総合自動車メーカー「現代自動車」

理由がここにあるからだ。

新設企業がどんなに革新的な製品を持っていても、マーケティングや流通における補完的資産を支配している既存の大手企業との競争に敗れることが多い。それは模倣と関係がある。前の鉄則で説明したように、革新的な製品は模倣されやすい。特許は模倣を阻止する手段だが、阻止できるのは特許が有効な場合に限られる。バイオテクノロジーのように特許が有効な産業で、かつ特許請求の範囲が模倣を阻止するのに十分なほど広範であれば、起業家は新しい製品やサービスの発売で成功する公算が大きい。特許による保護力が強ければ、他の企業の模倣に対する障壁になる[10]。

一方、特許による保護力が弱ければ、事情はもう少し複雑だ。特許の抜け道を見つけるのが非常に容易な家電製品など、多くの業界がこれに該当する。こうした業界では、新しい製品やサービスで儲けられるかどうかは、その業界が支配的デザイン《ドミナント》、すなわちその業界内におけるすべての製品やサービスの共通の製作方法を備えているかどうかに大きく左右される[11]。

業界がまだ支配的デザインに収束していない場合、ベンチャー企業が新しい製品やサービスの発売による利益を確保できるかもしれない。支配的デザインが定着する前なら、成功の可否は、さまざまなニッチ市場でどんな製品デザインが好まれるか、また最終的にどんなデザインが支配的になるかによって決まる。非常に有望なニッチ市場に対して、訴求力のあるデザインや、最終的に支配的デザインになるような強力なデザインを考案すれば、新しい製品やサービスによって利益を専有できる[12]。

[10] [11] [12] 前掲書→[9]

ところが、すでに支配的デザインに収束しているうえに、特許による保護力が弱い業界では、話が違ってくる。特許による保護力が弱いというのは、既存の大手企業が、起業家の新しい製品やサービスを模倣するのが非常にやさしいということだ。支配的デザインが定着しているので、各企業の製品やサービスは非常に似通ったものになる。マーケティングや製造面で優れた企業は、競合他社と類似した製品をより安く製造できる。

このような状況で、はじめて補完的資産が重要になってくる。既存の製造設備と販路を持つ企業のほうが、新しい製品やサービスの発売によるメリットが大きい。既存企業は、現存する製造と流通の資産を使って、新しい製品やサービスをより安く、より効率的に発売できる。この点が、製造と流通の整備をゼロから始めなければならないベンチャー企業と異なる。したがって、既存企業がベンチャー企業の製品を模倣すれば、簡単に優位に立つことができる[13]。

ベンチャー企業にとって、特許による保護が弱く、支配的デザインに収束した業界は不利である。しかし、このような業界でも、起業家が成功する可能性はある。成功するためには、補完的資産をできるだけ早く整備しなければならない。そのためには、委託契約を結ぶのがよい。補完的資産の構築をゼロから始めるのは時間がかかりすぎるからだ[14]。

補完的資産が専門分野に特化したものでなければ、この委託戦略は効果がある。マーケティングの方法と販路が一般的なものなら、すなわちどの小売店を使ってもよいなら、起業家は新しい製品やサービスを流通させるために委託契約を結べばよい。既存企業がより優れたマーケティングと流通手段を持っていなければ、起業家に競争できるチャンスがある。

[13][14] 前掲書→[9]

しかし、補完的資産が専門化したものであれば、この戦略が成功する可能性は少ない。専門化した補完的資産とは一般的なものではなく、特定の新しい製品やサービスに付随して使われるものである。ある特定の製品の製造にしか使えない機械がその例である。

起業家が、専門化した資産を利用する委託製造または流通契約を結ぼうとすると、問題が生じる。もし専門分野での新たな投資が必要な契約であれば、相手は腰が引けるため、なかなか見つけられない。なぜなら、いったん専門的な投資をしてしまえば、相手は起業家に頼らざるをえなくなり、結局は起業家のために特別な投資をしたことになる。そのうえ、起業家に勝手な行動をとられても、拒否できない弱い立場に置かれる。起業家のほうは、相手の従属的立場を利用して有利な取引ができる。こういうわけで、補完的資産が専門的になると、契約相手を見つけるのがきわめて困難になり、結局、自分で所有せざるをえなくなる[15]。

補完的資産の所有を余儀なくされることは、起業活動に悪影響を及ぼす。ベンチャー企業が、設立当初に効率的なマーケティングや製造設備を整えるために十分な資本を調達するのは、ほとんど不可能といってよい。調達できたとしても、既存企業と互角に戦えるように、新しいシステムをいち早く稼動させる方策を考え出すことはできないだろう。

よい例が自動車産業である。自動車産業の製造とマーケティングは、大手自動車メーカーに支配されている。部品のほとんどは機械装置か電気装置なので、特許による保護は微力である。内燃機関の構造は支配的デザインになっている。さらに、自動車の製造には専門化した設備がつきものだ。その結果、自動車産業で新しい製品やサービスを発売するために設立された新会

[15] 前掲書→[9]

社が成功した試しはほとんどない。

STOP

1 特許による保護の力が弱く、支配的デザインが存在する産業で企業をスタートしてはならない。

2 専門的な補完的資産を委託する戦略をとってはいけない。契約相手を見つけるのが難しいからである。

まとめ

第8の鉄則　イノベーションの利益を専有する

特許と秘密主義の活用のほかに、企業は、資源の支配やブランドイメージの構築、学習曲線の活用、先発企業の優位性、製造とマーケティングの補完的資産の支配などを通じて、新事業の利益を専有できる。第8の鉄則では、こうした利益を独占する可能性のある手段が、テクノロジー起業家にどのような影響を与えるかについて説明した。

資源の支配は、新しい製品やサービスの製作にかかわる重要な原材料の供給源を買い占めたり、供給契約を結んだりする戦略である。この戦略は、生産プロセスにボトルネックがあって、ある一つの資源が非常に重要で、しかも手に入りにくい場合に最も効果がある。

よい評判を確立する戦略には、ブランドイメージを築くための広告投資がある。ブランドイメージは、その起業家の製品は高い金額で買う価値があるという認識を作り出すことによって、競合の製品への乗り換えを阻止する。しかし、広告は効力を発揮するまでに時間がかかり、規模の経済に左右されるので、テクノロジー起業家にとって、あまり有効なものではない。

学習曲線の活用は、製品やサービスを顧客に提供するまでのプロセスから学習した結果を基にして、効率性という点で他の企業の先を行く戦略である。学習曲線の活用は、起業家が業界における初期の参入企業であって、かつ経験から得た知識を独占できる場合に最も効果がある。

しかし、創業当初は、学習曲線はあまり活用できない。

先発企業になることは、製品やサービスの最初の供給企業であることから生じるメリットで、経験から得るものが何もなくてもよい。ただし、有利なこともあれば、不利なこともある。ネットワーク外部性が存在するときや、乗り換えコストが現実に、または心理的に高いときには有利である。先発企業の優位性は、会社設立早々でも、新しい製品やサービスによる利益を専有する手段として有効である。

最後の手段は、企業の競争優位の基礎としての補完的資産、すなわち新しい製品やサービスを顧客に提供する過程で使用するさまざまな資産を活用する戦略である。この戦略は、特許による保護の力が弱く、かつ支配的デザインに収束した産業で最も効果を発揮する。一般に、起業家は創業時に補完的資産の準備を整えていないことが多い。したがって、これらの資産が重要な意味を持つ業界で競争するのは難しい。こうした資産が専門分野に特化したものでなければ、委託契約で確保し、ときには既存企業と競争することもできる。しかし、資産が専門分野に特化したものであれば、起業家には事実上成功のチャンスはない。起業家は専門分野に特化した補完的資産を契約で支配することができず、既存企業が新しい製品やサービスを模倣する以前に、こうした資産を確保する方法がないからである。

自己診断

1 あなたの新しい事業の競争優位性は何か。

2 資源の支配権を握ることで、新しい製品やサービスの利益を専有できるか。

3 よい評判を確立することで、新しい製品やサービスの利益を専有できるか。

4 先発企業になることで、新しい製品やサービスの利益を専有できるか。

5 競合より先に学習曲線を駆け上がることで、新しい製品やサービスの利益を専有できるのか。

6 補完的資産が既存の大手企業に支配されているとしても、支配権を握ることができるのか。

第9の鉄則

最適な事業体制をとる

起業というと、製品の開発や生産、流通のすべてを自ら行う会社を立ち上げることだと考えている人が多い。起業家が、原材料の買い付けからマーケティング、流通までのバリューチェーンのすべてを所有する、新しい事業体制を独自に構築することが多いのは事実である。しかし、ライセンスの供与や戦略的提携のように、外部の資源を活用することも可能だ。

たとえば、バイオテクノロジーのベンチャー企業は、ライセンスの供与や戦略的提携によって大手の製薬会社とパートナー関係を結び、薬品の製造だけでなく、開発やFDA[1★]の承認まで引き受けてもらうこともある。

テクノロジー起業家は、「新事業を構築するために最適な事業体制は何か」についても検討する必要がある。一般的に、この判断に影響を及ぼすのは、コスト、スピード、能力、情報の四つである[1]。第9の鉄則では、この四つの要因を検討していく。

1★ FDA：米国食品医薬品局

[1] S. Venkataraman, "The Distinctive Domain of Entrepreneurship Research: An Editor's Persipective," in *Advances in Entrepreneurship, Firm Emergencem, and Growth*, J. Katz and R. Brockhaus, ed.3: 119-38 (Greenwich, CT: JAI Press, 1997).

1 事業構築のコスト

ここに、外科手術に使う新しい組織鉗子《かんし》を売り出そうとしている起業家がいるとしよう。この鉗子に対するＦＤＡの承認を取得するには数百万ドルが必要だが、用意できない。では、どうすればよいか。エンジェル投資家2★やベンチャー・キャピタリストに必要な資金を求めるという手段がある。また、既存の医療器具メーカーにライセンスを与えるという選択肢もある。

ビジネスチャンスを追求するためのコストが高く、資金が十分に調達できない場合、ライセンス供与などの方法を検討すべきだ。実際に、元手が少なく、資本市場での資金調達能力が限られているテクノロジー起業家は、こうした方法を選ぶケースが多い。

とりわけ、追求しているテクノロジーが資本集約的であれば、こうした方法は重要である。既存の企業活動からのキャッシュフローがなければ、金融市場から資金を調達しなければならない。どんな投資家でも、起業家ほどその事業を熟知していることはない。投資家は自分と起業家との情報のギャップを埋めるために、リスクプレミアムを要求する。このため、金融市場からの調達資金は内部資金よりもコストが高くなる。したがって、製造プロセスに多額の資本が必要になる場合、提携や外部委託を採用する可能性が高まる[2]。

2★ 創業間もないベンチャー企業に対して、資金の提供と事業の支援を行う個人投資家

[2] D. Evans, and L. Leighton, "Some Empirical Aspects of Entrepreneurship." *American Economic Review* 79 (1989): 519-35.

STOP

1 事業構築のコストが高い場合は、バリューチェーン全体を所有しようとしてはいけない。

2 資本がないなら、バリューチェーン全体を所有しようとしてはいけない。

2 市場参入を速める

提携や外部委託などの方法を利用するもう一つの理由は、市場参入までの時間を短縮するためである。起業のチャンスは外部環境の変化によって左右されるため、短命なことが多い。二〇〇〇年の米国大統領選挙で、パンチ式投票用紙で完全に穴があかず、穿孔くずが投票用紙についたままという問題が発生した。これがきっかけで生まれた、新しい電子式投票機の発売というビジネスチャンスを例にとってみよう。

この問題の性質と選挙の頻度から考えて、新しい投票機は短期間で製品開発を済ませ、販売しなければならない。バリューチェーンの構築には時間がかかる。会社を興して、投票機のバリューチェーン全体をゼロから築いていたのでは、チャンスを失ってしまう。こういう場合は、外部委託契約を結んでバリューチェーンを築けばよい。そうすれば、独自に事業体制を構築するよりも素早く市場に参入し、チャンスの扉が閉ざされる前に滑り込むことができる。

ビジネスチャンスが短命でなくても、市場にいち早くデビューしたいときには、契約方式でバリューチェーンを構築すればよい。特に、その産業に先発企業の優位性がある場合がそうだ。ライセンス供与や戦略的提携などを活用すれば、ネットワーク外部性が存在する産業や乗り換えコストの高い産業の市場に、競合他社に先駆けて参入を果たせる。前述のように、こうした産業では、早期参入のメリットが非常に大きい。

STOP

1 ビジネスチャンスが短命な場合は、バリューチェーン全体を所有しようとしてはいけない。

2 先発企業の優位性がある業界で、バリューチェーン全体を所有しようとしてはいけない。

3 最高の能力を活用する

契約方式によって事業体制を構築する理由がもう一つある。それは、起業家がいつも最高の業務遂行能力を持っているとは限らないことである。起業家よりも、既存企業のほうが優れたマーケティングや製造の能力を持っており、顧客に対する理解も深い。すでに述べたように、これは既存企業が持つ補完的資産のメリットである。もしそうであるなら、起業家は既存企業にライセンスを供与することで、より大きな利益を手にできる。既存企業は、起業家よりも効率的かつ効果的に事業体制を構築できるため、ライセンスの供与によって費用を合理化できる。また、資産に対する二重投資を避けることもできる[3]。既存企業は、おそらく新たに販路を開拓したり、工場を建てたりする必要はないだろう。こうしたことに起業家が直接乗り出せば、既存企業と同じ資産に重複して投資することになる。したがって、起業家が自分の追求能力は既存企業の能力に劣ると判断するなら、ライセンスの供与は非常に優れた方策になるのである。

大学の研究者が発明したテクノロジーのライセンス供与が、よい例だ。大きな大学の理学部や工学部の研究部門に少しでも在籍したことのある人ならすぐに気づくことだが、ほとんどの教職員はテクノロジー企業を創業する方法をよく知らない。通常、彼らは、顧客を説得して製品を買わせる方法や、従業員の管理、製造工場の建設の仕方について、既存企業の経営者ほど

[3] D. Teece, "Profiting from Technological Innovation: Implications for Integration, Collaboration, Licensing and Public Policy," *Research Policy*, 15 (1986): 286-305.

の知識を持ち合わせてはいない。したがって、大学の研究者のほとんどは、自分では会社を始めずに、自分が発明したライセンスを既存企業に供与したほうがよいのである。

ここには、重要なトレードオフが存在する。多くの場合、新しい製品やサービスの開発に関する知識の多くは成文化されておらず、発明者の頭のなかにある。そのため、発明者が事業に関与しなければ、新しい製品やサービスの開発がとても難しくなる。こうした状況では、既存企業の経営者より能力的に劣る面があっても、発明者が起業することが多い。事業運営能力より、発明者の関与を優先させざるをえない場合もあるのである。

STOP

1 既存企業よりも事業遂行能力が劣る場合は、独力で事業を構築しようとしてはならない。

2 新しい製品やサービスを開発するうえで重要な知識が成文化されておらず、あなたの頭のなかだけにある場合は、ライセンス供与をしてはいけない。

4 テクノロジーの特性

テクノロジーの性質によっては、一つの会社が製品の開発、製造、流通の各機能を独自で抱える方式をとったほうが効率的になる。一方、ライセンスや戦略的提携などの契約方式のほうが、効率的に開発できる場合もある。どちらの方式がより効率的かを決定する要因については、研究者がいくつか指摘している。たとえば、契約方式による事業体制は、医薬品のように独立したテクノロジーの場合に効率がよく、独自方式による事業体制は、ソフトウェアのように他のものと組み合わせて使われる複合的なテクノロジーの場合に効率がよい。複合的なテクノロジーは、異なるメンバー間での連携を必要とするので、サプライヤー同士のしっかりした協調態勢を支える組織型の事業形態が有効だ。たとえば、ある起業家がハードとソフトから構成されるビデオゲームを開発する計画を持っているとする。この場合、おそらくハードとソフトの両方の生産手段を所有する事業形態を採用しようとするだろう。ハードの部分だけを所有して、ソフトの生産を他社に委託すると、両者を連携させて動かすことが難しくなるからだ[4]。

テクノロジーが、成文化された知識に基づいたものなら、契約方式に基づく事業体制を敷いたほうが効率的である。知識が成文化されているほうが、契約書を容易に、かつ効果的に作成することができるからだ。一つのテクノロジーの開発プロセスで、独立した企業間の連携を保

[4] H. Chesborough and D. Teece, "When is Virtual Virtuous?" *Harvard Business Review* (January-February): 65-73.

つには、効力のある契約文書を作成することが重要な前提条件となる。情報が成文化できなければ、最初に当事者の合意があっても、どちらも合意事項を相手に実行させるのが難しい。これでは契約書が無意味になってしまう[5]。

たとえば、ベンチャー企業が新しい複合材料を生産するとしよう。その材料の製法を成文化できなければ、このテクノロジーのライセンスを他人に与えるのは難しい。ライセンスを買う人は材料の製法を知ろうとするが、成文化されていなければ知識を得ることができないからだ。また、製造プロセスを成文化できないなら、そのプロセスでかかるコストを特定することが非常に難しい。コスト明細がわからなければ、ライセンスの買い手は契約の調印を拒否するだろう。

技術標準が存在する場合、独立した企業間の活動を調整することは容易である。したがって、契約方式による事業体制は、こうした標準が存在しない場合に比べて効率的になる[6]。独立した企業同士であっても、協力相手の企業が技術標準を順守するので、お互いの製品が整合性のあるものになるという確信を持てるからだ。起業家はOSを作る会社を所有しなくても、そのOSを利用するアプリケーション・ソフトを作る企業を設立できる。現在、OSには技術標準があるので、不具合が生じるリスクを負わずに、提携企業と契約を結ぶことができる。

補完的資産が専門化している場合、独自方式による事業体制をとると効果が増す。企業が経営上決断を迫られる大きな問題の一つが、製造とマーケティングの補完的資産の垂直統合★1である。用途が専門的なものでなければ、補完的資産は契約ベースとするのが経済的であり、かつリスクも少ない。

[5] D. Audretsch, "Technological Regimes, Industrial Demography and the Evolution of Industrial Structures." *Industrial and Corporate Change* 6 (1997): 49-82.

[6] 前掲書→[4]

1★ 原材料の調達から生産・販売までの一連の過程を社内に取り込んで、企業活動の範囲を拡大すること

たとえば、製品配送のためにトラックを買うよりは、運送業者に配送を委託するほうが安いことが多い。しかし、特定の製品のために特注が必要な製造設備のように、専門化した資産は所有する必要がある。すでに述べたように、自分勝手な起業家に牛耳られるのを恐れて、専門的設備について白紙に戻せないような契約を受ける人はいないからである[7]。

STOP

1 新しい製品やサービスが複合的な技術に基づいている場合は、契約方式による事業体制を採用してはいけない。

2 新しい製品やサービスに技術標準が確立されていない場合は、契約方式による事業体制を採用してはいけない。

[7] 前掲書→[4]

5 情報の問題に対処する

事業体制を構築するのに、バリューチェーンの各要素を独自方式で構築するのか、契約方式で構築するのか検討する際、考慮しなければならないことがある。情報漏洩に関する問題だ。

事業の性格によっては、契約方式の体制をとると深刻な情報漏洩のリスクにさらされることがある。この場合は、独自方式で事業体制を構築したほうがよい。もちろん、この逆の場合もある。

独自方式で事業体制を構築したほうがよいのは、情報開示の問題があるときである。第7の鉄則で述べたように、起業家はビジネスチャンスにかかわる機密を秘匿して、競合が新しい製品やサービスを模倣できないようにする必要がある。製造や販路を支配するために契約方式による事業体制を構築する場合、契約締結に際して自分の秘密を相手に開示することが問題になる。

こうした情報開示は、ノーベル経済学賞を受賞した経済学者、ケネス・アローのいう「開示のパラドックス」の状態を招くことが多い。起業家が既存の製造企業にテクノロジーのライセンスを与えて製品を製造させる場合、メーカーにテクノロジーの内容を教える必要がある。メーカー側は、新しいテクノロジーの価値の立証資料がなければ、起業家とライセンス契約をして対価を支払うようなことはしない。そこで起業家は新しいテクノロジーの価値に対する資料をメーカーに提供し、その効用を説明する。皮肉なことに、メーカーはそこで起業家の知識を吸収してしまう。メーカーは知識を知ってしまえば、改めてライセンス料を払って起業家の知識を得る理由がなくなる。つまり、起業家は無料で知識を与えたことになってしまう。これが開示のパラドックスである[8]。

開示によって生じる問題を少なくする方法がいくつかある。最もよい方法は、特許の取得だ。起業家の知識を手に入れたい相手は、特許があればライセンス契約なしで勝手に起業家の製品やサービスをコピーすることはできない。したがって、起業家は知識を盗まれる心配なしに、

[8] K. Arrow, "Economic Welfare and the Allocation of Resources for Inventions," in *The Rate and Direction of Inventive Activity*, ed. R. Nelson (Princeton, NJ: Princeton University Press, 1962).

相手先に発明の内容を開示できる。特許によって模倣のリスクが軽減されれば、ライセンス契約のような事業体制の構築が容易になる。

次に、独自方式ではなく、契約方式による体制構築を選択すべき場合について説明しよう。眼鏡を作る新しいテクノロジーを開発した起業家がいるとしよう。彼は、従業員による逆選択[1★]やモラル・ハザードという問題に直面する可能性が高いため、これを回避するためにフランチャイズ制のような契約方式による事業体制を選ぶのがよい。これは、求職者が職を得るために自分の能力を偽って伝えるような逆選択の可能性がある場合には、フランチャイズ制が適しているということである。

詳しく説明しよう。通常、眼鏡販売店の店長には固定給が支払われる。そのため、店長の求職者は、雇い主に対して自分は店長として優れており、平均以上に稼ぐことができるとアピールする動機に駆られる。雇い主が実際に雇用してみて、この店長が並みの稼ぎで、実際の利益が当初約束したよりも半分しか出せないことがわかっても、この店長には収益の減少を補填する責任はない。平均以上の能力を持った店長と同じ給与を受け取るのである。店長の能力の相違による眼鏡店の営業成績の変動リスクは、すべて眼鏡店のオーナーの負担になる。

この問題は、フランチャイズ制を採用すれば軽減できる。フランチャイズ加盟者は、加盟権の購入に投資し、その店の運営による利益から報酬を得るため、自分の能力を偽る動機がない。平均的な能力しかない人は、平均以上に稼ぐ人に比べて、フランチャイズ権を買おうとする意欲はそれほど強くないだろう[9]。フランチャイズ制を採用すれば、逆選択の問題も回避でき、

1★ adverse selection：売り手と買い手のあいだに情報格差がある際に発生する状況。情報優位者は、情報劣位者の無知につけこみ、劣悪な商品やサービスを売りつけようとする。このため、情報劣位者が優良な財やサービスを購入しようとしても、逆の選択をしてしまう。たとえば、保険市場で保険を購入するのは保険金支払いの高い確率の層なので、保険会社の意図に反して優良顧客を獲得できない。また、中古車市場で流通するのは劣悪な車ばかりなので、買い手の意図に反して、よい車を購入できない

[9] S. Shane, "Making New Franchise Systems Work." *Strategic Management Journal*, 19 no.7 (1988): 697-707.

有能な店長を見つけることができる。

また、会社を設立すると、従業員が仕事を怠けるというモラル・ハザードの問題にぶつかる。一生懸命働いても、追加の報酬が得られなければ、従業員は仕事を怠け、本来の能力を発揮しないことがある。これは、仕事量または利益に対する貢献にリンクしない固定給制度の場合に多い。フランチャイズのような契約方式による事業体制は、起業家の支配下にある人たちに一生懸命働くインセンティブを与えるため、仕事を怠けるという問題を減少させる[10]。

他方で、契約方式による事業体制は、ただ乗りという問題を増加させる。ただ乗りとは、ある当事者が、便益を得るのに必要な仕事を他の当事者に押しつけるという傾向である。ただ乗りのよい例としては、同じブランドを掲げて営業する眼鏡チェーンの加盟店が、チェーンとしての販売促進活動を他店に押しつけるケースがある。

広告の対象となる加盟店が一軒しかなければ、店主は広告をする気になるだろう。この場合、売上げが増えるという形で生じる広告の効果はすべてその店主が享受する。しかし、その眼鏡店が、数軒の加盟店で構成されるチェーンの一軒であれば、事情はそう簡単ではない。後者の場合、前者と同じ広告費用を支出すれば同じ数の顧客がこれに反応するが、一軒で広告費を負担すれば、他の加盟店は広告費を支払わずに顧客を得ることになる。他の加盟店も広告費を払えばよいが、払わなかったところがあれば、そこが他店の広告活動にただ乗りしたことになる。

一つの企業がすべての加盟店を所有し、加盟店の運営を従業員に任せれば、ただ乗りの動機を与えないですむ。従業員には得るものがないため、ただ乗りの動機がなくなる。店長は広告

[10] 前掲書→[9]

費の支払を免れようとはしないから、この場合には契約方式でないほうがよい。

企業が契約方式による事業体制を避けたがる今一つの問題は、「ホールドアップ」[1★]と呼ばれるものである。これは、契約の一方の当事者が、他の当事者の弱みにつけ込んで、自分の利益になるように契約条件を再交渉することである。たとえば、ライセンスを供与する企業が、相手先にライセンス製品を製造する特殊な専用設備への投資を要求する。投資実行後、ライセンスを与えた企業が、ロイヤルティの増額のような契約条件の改定を求めてきたとする。ライセンスを受けた相手側としては、専用設備に対する投資を損金処理するか、ロイヤルティの増額に同意するかの選択を迫られ、結局は改悪条件を呑まざるをえなくなる。投資の損金処理より、新しい条件を受け入れるほうがましだからだ[11]。ライセンスの供与を持ちかけられた企業は、こうしたホールドアップ行為を恐れてライセンス契約を嫌がることが多い。その結果、特別仕様の設備に対する投資が必要な場合、ライセンス契約の相手先を見つけることが難しい。この場合には、独自方式の事業体制を選ばざるをえない。

STOP

1 特許の保護がないかぎり、新しい製品やサービスの価値を、提携を打診している相手に教えてはいけない。

2 あなたの会社で、逆選択や怠け者の採用の問題よりも、ただ乗りやホールドアップの問題のほうが深刻であれば、契約方式の事業体制を採用してはいけない。

1★ holdup：強盗

[11] P. Azoulay and S. Shane, “Entrepreneurs, Contracts and the Failure of Young Firms.” *Management Science*, 47 no.3 (2001): 337-58.

まとめ

第9の鉄則　最適な事業体制をとる

第9の鉄則では、事業を構築するために、必ずしも製品開発から製造、流通に至るバリューチェーンのすべての段階を所有する企業を作る必要がないことを説明した。状況に応じて、ライセンス供与や戦略的提携のような契約方式を採用すればよい。

契約方式は、「事業構築に多額の費用を必要とする場合」「事業構築を迅速に行う必要がある場合」「ゼロからバリューチェーンを構築する時間がない場合」「独力で事業を構築する能力を欠く場合」などに有効だ。また、「従業員による逆選択」「怠け者の存在」などの問題が深刻な場合も、契約方式を選択すべきだ。

一方、独自方式は、「テクノロジーが複合的な開発を必要とする場合」「成文化されていない知識に基づく場合」「技術標準に基づかない場合」「補完的資産が専門分野に特化している場合」などに有効だ。また、「情報開示」「ホールドアップ」「ただ乗り」などの問題が深刻な場合も、独自方式を採用すべきだ。

自己診断

1 あなたの事業は、バリューチェーン全体を所有して追求するには費用がかかりすぎないか。

2 自前のバリューチェーンをゼロから築く時間があるか。それとも、一刻も速くマーケットに出るほうがよいか。

3 あなたに独力で事業を構築する能力があるか。

4 あなたのテクノロジーは、契約方式のほうが容易に開発できる性格のものか。

5 情報開示の観点から見て、契約方式と独自方式では、どちらを採用すべきか。

第10の鉄則

リスクと不確実性に対処する

テクノロジー企業を創業すると、さまざまな不確実性に直面することになる。起業家は、これに対処していかなければならない。

たとえば、創業時には、これから発売する製品やサービスがまったく売れないかもしれないという、市場の不確実性がある。同様に、製品やサービスをどう作ればよいかがわからないという、テクノロジーの不確実性もある。さらに、これらを克服したとしても、利益が競合に流れてしまうかもしれないという、競争上の不確実性に直面することになる。

第9の鉄則では、以下の項目について説明しよう。

- 創業時の問題
- リスクを軽減する戦略
- リスクを転嫁する戦略
- リスクの認識に関する戦略
- リスクと不確実性に対処するためのツール
- ステークホルダーにリスクを負ってもよいと信じ込ませる方法

1 創業時の問題

テクノロジー・ベンチャーを育成していく過程では、多くの不確実性に対処しなければならない。お気づきのとおり、こうした不確実性は資金調達に影響を及ぼす。テクノロジー関連のビジネスチャンスを追求するには、ふつう外部から経営資源を調達しなければならない。したがって、起業家は、不確実な事態に直面しながらも、外部のステークホルダーに経営資源の提供を求めざるをえない。

直面する不確実性が大きければ大きいほど、経営資源を提供する対価として、投資家やその他のステークホルダーが要求する見返りの額も大きくなる。不確実性と見返りの要求を天秤にかけながら、起業家は次のような選択を迫られる。第一は、投資家に多くの見返りを与えるために、株式を多く発行する方法である。第二は、起業家が独力で不確実性を受け入れること。第三は、不確実性に対処する戦略を採用することである。

成功する起業家は、最後の選択肢を好む。第一の選択肢を嫌がる起業家が多いのは、オーナーとしての立場や支配権を放棄したくないからだ。また、投資家が過半数の持分や支配権を握れば、起業家のインセンティブが下がり、投資家にとっても好ましくない。また、第二の選択肢も好ましくない。誰でもリスクは負いたくないし、不確実性は避けたいからだ。

2 リスク軽減戦略

成功する起業家は、直面するリスクと不確実性に対処するために、三つのリスク軽減策をとる。すなわち、「調査」「投資の抑制」「柔軟性の維持」である。

調査

新事業のリスクを軽減するには、行動を起こす前に調査を行う必要がある。失敗する起業家は、狙いを定める前にビジネスをスタートさせる。その結果、もう少し調査をしていれば容易に回避できたリスクを不用意に背負いこんでしまう。

たとえば、失敗する起業家の典型例は、新製品の製造に最も適した設備を探そうとしないことだ。こうした起業家は、標準的な設備を購入して事業を始めたあとに、設備の大幅な改造が必要になり、うまく改造できないために、製品を市場に投入するタイミングを逃がしてしまう。これは、行動を起こす前にもっと調査をしていれば、リスクが軽減できるという例である。

創業時のリスクを最小限に抑えるには、調査の方法に精通していなければならない。やみくもに行動するのではなく、計画を立て、行動に移す前に、与えられたチャンスについて熟考し、評価すべきだ。行動を起こす理由がなければ、行動してはならない。計画を立てれば、不必要な行動が回避でき、成功の見込みのないチャンスを追いかけることもない。

起業における計画とは、事業計画や予想財務諸表を作成することである。こうした書類は、事業の育成、リスクの所在、資金の使途、組織編成などに関する起業家の取り組み姿勢を表すものだ。研究によれば、事業計画を立てる起業家は、立てない起業家に比べて生き残りの可能性が高く、成長のスピードが速く、売上高が大きい[1]。事業計画の立案は調査の一環であり、新事業が直面する不確実性を減少させることができる。また、成功する起業家は、経営資源に手をつける前に、自分の想定の正しさを検証して、リスクを最小限に抑える。起業活動の多くは不確実だ。この製品は技術的に製造可能だろうとか、市場はこれくらいだろうといった想定を根拠にしているなら、その正否を検証する情報を可能なかぎり入手すべきだ。

たとえば、起業家は、「時計のサイズに収まるほど小さなマイクロチップを作れるか」「すい臓がんの治療薬の市場規模はどれくらいか」といった問題を想定する。こうした想定は、調査によってその正否を検証できる。行動を起こす前に、半導体エンジニアに「時計サイズのマイクロチップが作れるか」とか、がん専門医に、「すい臓がんを薬で治療できる患者の数はどれくらいか」と尋ねればよい。想定の正しさを判断できる情報源があれば、創業前に情報を求めることで、新事業に伴う不確実性を最小限に抑えることができる。

成功する起業家は、ビジネスモデルを解明しようとして情報を求める。この種の情報の不足が、ベンチャー企業の不確実性の原因の一つである。たとえば、売上と費用の関係が把握できなければ、業績見通しは立たない。このような不確実性は、ビジネスモデルについて情報を

[1] F. Delmar and S. Shane, "Does Business Planning Facilitate the Development of New Ventures." *Strategic Management Journal* 24 (2003): 1165-1185.

収集すれば軽減できる。

成功する起業家は、自分の想定に対して反証を求める。新事業が成功する理由ではなく、うまくいかない理由を指摘する情報を探す。意思決定に携わる人は先入観に捉われがちで、ともすれば、すでに決めた判断を支持する情報を求めるものだ。その結果、自分の判断の正否の評価に役立つ情報を集めない。ひたすら自分の行動を正当化しようとする。成功する起業家は、反対の根拠となる情報を求め、自分の行為の正当化を慎もうとする。

自分の判断を正当化しがちだという問題に、将来を楽観視しすぎるという傾向が重なると、事態はさらに悪化する。こうした過度の楽観主義の結果、冷静に判断すれば成功の可能性はそれほど大きくない場合でも、起業家はベンチャー活動を推進してしまう。成功する起業家は、新事業の価値について、それを否定する情報を求めることで、楽観的な考えを戒める。

投資額を最小限に抑える

新事業のリスクを極力減らすには、万一の場合に回収不能となる資産への投資を最小限に抑える必要がある。リスクの大きさは、物事がうまくいかなかった場合に失う金額の大きさに左右される。成功する起業家は、万一の場合に換金して回収できる率が低い資産への投資を最小限にする。回収率の高い資産であれば、新事業がうまくいかない場合でも、投資を取り戻すことができる。したがって、リスクを一定の範囲に収めようとするなら、回収率の低い資産よりも回収率の高い資産に投資すべきだ。

回収率の低い資産に対する投資を最小にするには、実際にどういう手段をとればよいのだろうか。まず、資材や備品の購入は特別仕様のものではなく、標準品にすることである。たとえば、事務機器は特注品でなく、市販のものを使うべきだ。事業が失敗したとき、市販の事務機器なら他の企業に転売して、特注品よりも多くの金額を回収できる[2]。

もちろん、特別仕様の資材や備品を使う必要がある場合もある。なにもかも標準的なものを使っていたのでは、競争優位の基盤を固めることはできない。要するに、会社の資産が競争優位をもたらすかどうか、よく考えなければならないということだ。ベンチャー企業における資材や備品の多くは競争優位とは関係がなく、特別仕様は不要である。たとえば、医療器具を扱う会社で、出納事務に特別仕様の会計ソフトを使っても、競争優位の源泉にはなりそうもない。このケースでは競争優位という対価をもたらすことはなく、新事業のリスクを増加させるだけなので、こういう無意味なことは避けるべきだ。

投資を最小にする次の手段は、資産の購入を止めて、レンタルか、リースにすることである。たとえば、ベンチャー企業はトラックを買う代わりに、リースにすればよい。これで、失敗したときに回収額が限られる資産への投資を最小限にすることができる。

次は、固定費ではなくて変動費への投資である。変動費は、製品やサービスの生産量によって決まる費用で、ベンチャー企業では、固定費よりもリスクが少ない。固定費には回収できるかどうかわからない先行投資費用が含まれているので、それがリスクとなるからだ。

では、創業時に固定費を低くするには、どうすればよいか。最初はコンサルタント会社とし

[2] A. Bhide and H. Stevenson, "Attracting Stakeholders," in *The Entrepreneurial Venture*, ed. W. Sahlman and H. Stevenson: 149-59. (Boston: Harvard Business School Press, 1992).

てスタートし、十分な需要があるとわかったときに初めて製品の製造に乗り出すのも一つの方法だ[3]。たとえば、会計ソフトの受託開発サービスを提供する会社を立ち上げ、そのソフトが好評であれば、サービスとしてではなく、市販用の製品としてパッケージ・ソフトの開発に移行すればよい。

もう一つの方法は、固定費を変動費に変える仕組みを探すことだ。たとえば、製造工場の建設や従業員を雇用する代わりに、製造や販売のアウトソーシングを利用すれば、製造や販売・流通の固定費を変動費に変えられる。アウトソーシング業者には、歩合制で料金を支払えばよい。

もちろん、どんなに努力したところで、回収額がゼロになるような固定資産に投資せざるをえないこともある。こうした投資にともなうリスクを最小限にするために、成功する起業家がよく使う手は、小規模で始めて、そこから拡大していくやり方である。たとえば、広範な品目を製造する大規模な工場を建設するかわりに、単一の製品を作る小規模な工場からスタートするのだ。最初の操業で成功した場合に限って、拡大すればよい。こうすれば、失敗しても最初の小規模なベンチャー企業につぎ込んだ資本を失うだけであり、リスクを最小にできる[4]。

もう一つの手段は、最初に損失の最大限度を決めておき、それに基づいて行動することだ。残念なことに、ラスベガスで無限の信用貸しの枠をもらったギャンブラーのような調子で事業を始めて、失敗する起業家が多い。こうした起業家は、あと一ドル投資すれば事業は危機を脱するだろうと考えながら、ずるずると投資額を増やす。こういう考え方では、ますます深みに落ち込んで損失がふくらみ、ついには挫折してしまうのである。

[3] E. Roberts, *Entrepreneurs in High Technology* (New York: Oxford University Press, 1991).

[4] R. Caves, "Industrial Organization and New Finding on the Turnover and Mobility of Firms." *Journal of Economic Literature* 36 (1998): 1947-82.

柔軟性を保つ

柔軟性を保つことができれば、必要に応じて方針転換が可能となり、起業のリスクを少なくできる。損失発生の可能性を抑えられるからだ。ベンチャー企業を設立した際に、あらかじめ技術やマーケット、競争に伴う不確実性を克服できるかどうかを見きわめるのは難しい。それでも予期しない出来事が発生した場合、事業の進路を変更できれば、損失回避の可能性はある。

最新世代のコンピュータのディスクドライブの開発に成功した企業群にまつわる話がある。彼らは、柔軟性と順応性を保って、不確実なマーケットに向けた新製品を開発するリスクに対処した。彼らは当初、ある顧客セグメントに的を絞ったが、新しいディスクドライブに興味を持ってもらえなかった。そこで、新製品に興味を示す顧客が見つかるまで、攻略目標を次々と変えていった[5]。このベンチャー企業の創業者たちは、新しい製品に興味を持つ市場セグメントを根気よく探し出す順応力と柔軟性を備えていた。そのおかげで、新製品の開発にかかわる市場リスクに対処することができたのである。

STOP

1. **調査をせずに新しい事業を始めてはいけない。**
2. **回収率の低い資産に大規模な投資をしてはいけない。**
3. **ベンチャー企業の柔軟性を損ねるような行動をとってはいけない。**

[5] C. Christiansen and J. Bower, "Customer Power, Strategic Investment, and the Failure of Leading Firms." *Strategic Management Journal* 17 (1996): 197-218.

3 リスクを転嫁する戦略

リスクを他者に転嫁する方法もある。なかには、起業家よりもリスクに精通し、その対処に優れているので、進んでリスクを受け入れる人がいる。たとえば、さまざまな分野に分散して投資している投資家は、起業家よりもうまくリスクに対処できる場合がある。複数のベンチャー企業に同時に投資しているベンチャー・キャピタリストのような投資会社は、それらのベンチャー企業のリスクが相関関係を持たないようにポートフォリオを設計することができる。同時に何社ものベンチャー企業に投資することで、負担するリスクの平均を個々の起業家よりも低く抑える。このような投資を分散投資1★と呼ぶが、これを行う投資家は、一定の収益を見返りに、起業家が単独では負担に耐えられない水準のリスクを負担することができる。

また、専門分野に特化し、その分野の情報に精通することでリスクが軽減できるステークホルダーもいる。起業家以上にリスク負担能力があるので、彼らにリスク負担を求めることができる。たとえば、ファクタリング会社2★は、債権回収に関するノウハウを持っており、通常の起業家より回収比率が高い。こうした専門分野に詳しいステークホルダーは、一定の報酬さえ約束すれば、起業家が取りたがらないリスクを進んで引き受けることがある[6]。

能力に十分余裕があるため、新しい仕事を引き受けても、そのリスクが起業家よりも少ない

1★　diversitied investment

2★　売掛金の買取会社

[6]　前掲書→[2]

ステークホルダーもいる。たとえば、稼働率が五〇%の工場設備を持つ会社があるとする。彼らは、設備の空きを利用して起業家の製品を製造できる。起業家が同じ製品を作ろうとすれば、ゼロから新しい工場設備を建設しなければならない。新たに工場を建設するリスクがないので、彼らは喜んでその仕事を引き受ける[7]。

リスクを求めるステークホルダーにリスクを転嫁する方法もある。ビジネス・エンジェルは、起業家に比べてリスクへの対応に優れているわけではない。しかし、彼らは起業プロセス自体に関心を持っているので、自分がそれに参加することと引き換えに、リスクを進んで引き受けることがある。

STOP

1 **あなたよりうまくリスクに対処できる人に転嫁できる場合は、そのリスクを自分で負担してはいけない。**

2 **あなたのリスクを進んで受け入れる人がいる場合は、そのリスクを自分で負担してはいけない。**

[7] 前掲書→[2]

4 リスクの認識に関する戦略

ステークホルダーのリスクに対する認識を和らげることも、リスクに対処する方法の一つだ。リスクの認識に関する戦略は、実際にリスクを減少させることでもなければ、他人に転嫁することでもない。新事業に対する他者のリスク認識を和らげるだけのことだが、それでも、成功する起業家のリスク対応策として重要だ。

新事業のリスクに対する他者の受け止め方を、一流の関係者のお墨付きを得ることで和らげるという手段がある。新しいバイオテクノロジー企業が大手製薬会社とよくやるように、既存の企業と戦略的提携などの協力関係を結ぶのだ。こうした提携関係に基づく既存企業の支援姿勢を利用すれば、実際はともかく、そのベンチャー事業には価値があるという認識を強めることができる。既存企業にとっては、そのベンチャー事業に価値がないとわかれば、評判を落とすリスクを抱えている。したがって、既存企業による支援は、新しいベンチャー企業の価値を信頼してよいという証拠になる[8]。

同様に、ベンチャー企業の価値に対する好意的な受け止め方を作り出す方法として、政府関係者や新聞、その他の権威者のお墨付きを得ることも効果的だ。人は、権威者が支持すれば、リスクが少なく、価値があるものと認識する傾向がある。たとえば、雑誌の『グッド・ハウス

[8] H. Rao, "The Social Construction of Reputation: Certification Contests, Legitimation and the Survival of Organizations in the American Automobile Industry: 1895-1912." *Strategic Management Journal* 13 (1994): 29-44.

キーピング』の認定証のように、資格コンテストで賞をもらった会社は、ステークホルダーたちに他の会社よりも立派で、リスクが少ないと受け止められると指摘する研究がある[9]。

もう一つの方法は、規則や規範、慣行などの現状維持の体制に忠実に従うことだ。たとえば、イーサネットの新しいテクノロジーを開発したベンチャー企業のなかには、彼らの製品が旧来のイーサネット・テクノロジーと一貫性のある商品だということを、顧客に対して必死に説明したところが多い。こうした説明をすれば、顧客は安心して新しいテクノロジーに乗り換える。ところが、実際には新旧のイーサネット・テクノロジーのあいだには、ほとんど共通点はなく、両者の関係は名前だけだといってよい。

ベンチャー企業は、できるだけ以前からある会社のように見せることによって、リスクが多いと周囲に思わせないようにする必要がある。たとえば、ガレージを事務所にしているにもかかわらず、会議のときには貸し事務所を借りる起業家がいる。自分の会社はごくふつうの会社で、ベンチャー企業のようにリスクは大きくないと見せかけるのだ[10]。こうした方法で、成功する起業家は既存の大手企業から支援を取りつける。彼らが大企業好みの規則や規範に従っていなければ、大手企業の支援を得る可能性はもっと少なかったに違いない。

業界団体や標準化団体を通じて集団行動に参加するのも、ベンチャー企業のリスクは大きいという認識を和らげるのに役立つ。こうした団体は、業界において何が適切かつ正常と見られる活動かを決定する。そこに加入しているベンチャー企業は、他の企業よりもきちんとした会社で、リスクの少ない存在だと認めてもらえる[11]。

[9] 前掲書→[8]

[10] J. Starr and I. MacMillan, "Resource Cooptation via Social Contracting: Resource Acquisition Strategies for New Ventures." *Strategic Management Journal* 11 (1990): 79-92.

[11] H. Aldrich, *Organizations Evolving* (London: Sage, 1999).

5 リスクと不確実性に対処するためのツール

成功する起業家は、不確実性に対処するために、リアルオプションとシナリオ分析という二つの財務ツールを使用する。リアルオプションとは、将来に投資する権利のことである。これは権利であって義務ではない。シナリオ分析は、投資に影響を及ぼす重要な要因をさまざまな想定のもとに置いて、その投資の結果を思い描く手法だ。この二つのツールは新事業の意思決定に役立つので、起業家は不確実性に対処するために利用すべきである。

これらのツールは、正味現在価値（NPV）[1★]の計算に基づく割引キャッシュフロー（DCF）[2★]という標準の予測法が持つ欠点を克服したツールである。通常のNPVによる計算法では、不確実性に対応できない。NPVの計算法は、点推定[3★]に基づいており、さまざまな可能性を考慮していない。この計算法では、不確実性を単純化して点推定に置き換えなければならないので、ある範囲内の、確率に基づいた想定が必要な場合に対応できない。不確実な状況において適切な意思決定をする場合、役に立つのがリアルオプションとシナリオ分析なのである。

NPV法の正確度は、想定の正確さに大きく左右される。しかし、計算を行う時点で想定が正確かどうかを検証するのは難しい。たとえば、この計算には投資の終価[4★]の正確な想定値が必要となる。不確実な状況のもとで、こうした想定をするのは非常に難しい。そもそも、自分が

1★ Net Present Value：ある事業から得られるであろう将来のキャッシュフローを資本コストで割り引いた現在価値から、投資額の現在価値を差し引いた値

2★ Discounted Cash Flow：ある事業から得られるであろう将来のキャッシュフローを資本コストで割り引いた現在価値

検討している製品が本当に製造できるのか、売るマーケットがあるのか、他の企業との競争に耐えられるのかもわからない。それなのに、その事業に対する投資の終価を、いったいどうやって見積もれというのか。

同様に、この計算には、製品やサービスの開発に要する期間の予測が必要になる。起業家がまだ製品やサービスの開発に着手しない段階での予測は、きわめて不正確になりやすい。新規事業を立ち上げたり、新製品を製造したりするのにどれくらいの時間がかかるかは、よくわからないものである。どんな場合でも、期間の予測が必要だというのは現実的でない。事業が立ち上がるまでの期間の予測が短すぎれば、ＮＰＶは膨らみ、その投資が実際よりもよく見える。逆に、予測が長すぎれば、ＮＰＶが低めに出て、その投資が実際よりも悪く見えてしまう。

ＮＰＶ法は、ビジネスチャンスの価値を見きわめる場合にも問題になる。意思決定に影響する多数の要因を、計算に組みこめないからだ。たとえば、この計算には競合他社の反応といった非財務的情報を取り入れることができない。同様に、その企業内の各部署間の戦略的関係や、イノベーションの過程における学習といった、新たな起業機会の評価に重要な情報を盛りこむこともできない。

さらに、時系列的に物事を評価できない。ハイテク分野のベンチャー企業では、実際に初期の段階を乗り越えてみなければ、その後のことに関する情報が集まらないことが多い。たとえば、新しい薬品について、それが動物に効くのか、それとも人間に効くのかがわからなければ、

3★ Point Estimates：母集団の値を、最もありそうな1つの値で示そうとしたもの

4★ 投資終了時点での企業の評価価値、ターミナルバリューともいう

市場規模の予測はできない。その薬品の技術的な開発が完了して初めて、マーケットの評価が可能になる。NPV法では、こうした順序だてた評価ができない。起業家は、まったくわからない要因についても、むりやり予測して評価せざるをえない。これでは、評価はまったくの憶測になってしまう。

NPV法には、これだけの問題がある。そこで、新事業について意思決定を行う場合には、リアルオプションによって意思決定を検証する必要がある。新しい起業活動を一連の段階的行動として捉え、将来はその段階でまた投資をするという可能性に基づいて、最初の段階の投資を実行する価値の分析を行う。こうすれば、ビジネスチャンスを評価するために必要な、優れた意思決定ができる。

新事業の起業機会を評価する方法として、NPV法よりもリアルオプションが有効なのは、テクノロジーは漸進的な形で発展していくので、段階的評価が役に立つという点にある。テクノロジーの発展は、まず初期の研究の結果、新しいテクノロジーが発明され、それが製品開発の必要性につながり、次いで製造の必要性が生じ、さらにマーケティングの必要性につながる、というのが代表的なシナリオだ。各段階ではいくつか未知の事柄があり、前の段階を通過するごとに未知であったことがわかるようになる。一時にすべての段階の出来事を予測することはできない。一つの段階に達して初めて、その段階が次の段階に与える影響が予測できるようになる。

図1は、リアルオプション分析の結果が、従来のNPVと異なることを示したものだ。図の

図1　リアルオプションによる評価の例

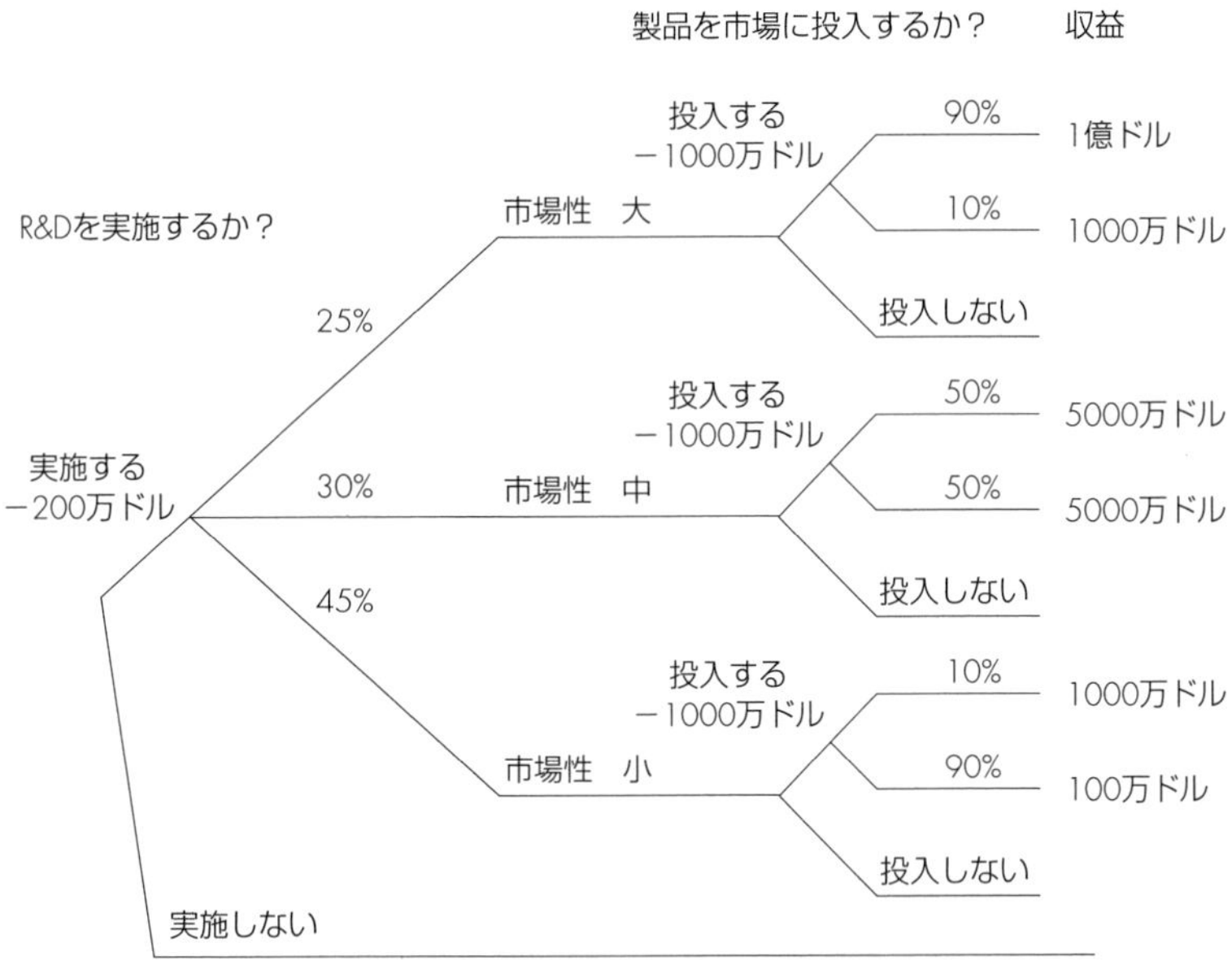

計算方法	正味現在価値
NPV法（リスク調整割引キャッシュフロー法）	2081万ドル
リアルオプション	1453万ドル

［図1-出典］A. Afuah, *Innovation Management: Strategies, Implementation and Profits* (New York: Oxford University Press, 1998), p.209.

ように、リアルオプションの計算結果は、NPV法よりも低めの予測値になっている。これは、オプション分析による意思決定は、時間の経過とともに情報が明らかになってから行われ、一時点ですべての意思決定を行うものではないからだ。研究開発に必要な投資の結果とマーケットへの進出の決定に関するすべての計算を、まとめて一度に考慮する必要はない。各段階で最も良好な結果を示す計算だけを考慮して、そこから前進すべきかどうかを決めればよいのだ。この図のケースでは、他の方法によれば推進していたかもしれないプロジェクトでも、オプション分析によれば推進しないほうがよいという結果になる。

リアルオプションが起業家にとって重要なもう一つの理由は、これによって柔軟性を保つことができ、新製品では開拓できないマーケットを攻略するために貴重な資源を注ぎこんでしまうのを回避するのに役立つからだ。

たとえば、バイオテクノロジーのベンチャー企業が、人間と家畜に対して新薬の効力テストを実施するまで、どちらのマーケットを対象とすべきかわからないとする。製品開発の評価にリアルオプションを採用しない場合、この企業は家畜と人間のマーケットを開拓する二つの販売部隊を同時に立ち上げるかもしれない。しかし、二つの異なったグループに対する新薬の効きめの評価を、顧客基盤への攻略方法を決定する前に実行すべきステップとして扱えば、資源の浪費を避けることができる。この企業が新薬の効力評価をリアルオプションとして扱い、その結果、この薬が家畜にしか効かなければ、医師の開拓にあたる予定だった販売部隊を事前に編成し、その後これを解散するといった無駄な労力と資金を使う必要がなくなる。

不確実な状況のもとで意思決定をするときに重要になる、もう一つの財務ツールが、シナリオ分析である。これは、重要な可変要素に関するさまざまな想定に基づいて、発生する選択肢のシミュレーションを行う方法だ。このシミュレーションによって、事業のさまざまな側面を精査すれば、状況を悪化させる要素とよい方向に導く要素をそれぞれ見分けることができる。

シナリオ分析が特に役に立つのは、先行きが不確実で、点推定では状況がよくわからない場合である。適切な意思決定をするには、正確性に欠ける点推定によって状況を必要以上に単純化するのではなく、起こりうる結果を一定範囲で想定する必要がある。それぞれのシナリオが、さまざまな想定のもとで予想される結果に関する情報を提供するため、点推定による不正確で単純化した情報に頼らなくてすむ。

さらに、正確な意思決定をするには、結果をもたらすうえで何が重要な想定条件であるかを見きわめる必要がある。シナリオを精査することで、重要な想定条件の変化に応じて最大の変化を見せる可変要素は何か、また他の要因の変化に応じて変化する要因が何であるかを理解することができる。こうした情報は、マイナスの結果が生じる可能性を最小限に抑え、プラスの結果が発生する可能性を最大限にする計画を作成するのに役立つ。

オプション分析とシナリオ分析について、もう一つ指摘しておくべきことがある。成功する起業家はこの二つのツールが、互いに排他的な関係ではなく、補完的な関係であることを承知している。したがって、新事業に関する意思決定に際して、彼らは両者を併用することが多い。

どのような選択肢があるかについて十分な情報がない場合、オプション分析を使えば、時間の経過とともに発生するさまざまな選択肢について意思決定をするのに役立つ。一方、シナリオ分析は、同一時点におけるさまざまな選択肢に関する意思決定を助けてくれる。[1★]

STOP

1 **新事業の意思決定をする際、正味現在価値をNPV法で計算してはいけない。**

2 **新事業の意思決定をする際、別のシナリオを検討することを怠ってはいけない。**

1★ リアル・オプションとシナリオ分析については、以下の文献を参考にしてほしい
『決定版 リアル・オプション』トム・コープランド、ウラジミール・アンティカロフ共著、栃本克之監訳、東洋経済新報社、2002年

6 ステークホルダーに、リスクを負ってもよいと納得させる方法

ときには他人にリスクを負担させるのが起業家にとって大切な戦略であるとすれば、どのようにステークホルダーを説得すればよいのか。その答えにはいくつかの要素が絡んでくるが、一つは公正な利益の還元である。人がリスクを負担するのは、なんらかの見返りがあるからだ。成功する起業家は、リスクを分担してくれる人と株式を分かち合っている。テクノロジー起業家として失敗する人は、何も与えずに何かを得ようとする。彼らはリスクを負担してもらいたいにもかかわらず、負担しようとする人に株式を渡すことを拒否する[12]。

第一に、成功する起業家は、文書になっているか否かを問わず契約を順守する。ステークホルダーは、リスクがなくなったあとで起業家が自分勝手な態度をとって、契約条件を再交渉するような人物だと思えば、リスクを負担したがらない。リスクを負担する人は、ベンチャー企業の設立時、起業家が合意したとおりの持分比率が維持されるものと信じている。したがって、他人にリスクを負担してもらいたいのであれば、たとえ自分の有利になるように再交渉する機会がある場合でも、合意した契約条件を順守することを相手方に明示する必要がある[13]。

第二に、成功する起業家は、設立したベンチャー企業に対して責任ある姿勢を変えることはない。ステークホルダーは、起業家が自分のベンチャー企業をいつまでも手放さないで守り

[12] [13] 前掲書→[2]

つづけるような相手でなければ、リスクの負担に応じない。ステークホルダーが恐れるのは、起業家が他のことに関心を移して、自分たちだけが貧乏くじを引くことだ。したがって、起業家が、リスクを負担してくれるステークホルダーからの継続的な支持を得たければ、自分のベンチャー企業に対する責任ある姿勢を崩さないことが大切である[14]。

第三に、成功する起業家は、リスクを負担してくれるステークホルダーと社会的なつながりを持っている。こうした関係によって、ステークホルダーは起業家を信頼し、安心してリスクを負担してくれるのだ。また、社会的な関係は、起業家がベンチャー活動において、ステークホルダーに対して自分勝手な態度をとることを慎ませる。すなわち、ステークホルダーが起業家の行動を制御する有効な仕組みとして役割も果たす。したがって、社会的なつながりがあって、資金の拠出に応じてくれるような人には、何らかのリスクを負担してもらうことも可能である。

第四に、成功する起業家は、さまざまなステークホルダーを一堂に会させる。たとえば、サプライヤーと顧客の両方から支援を取りつけるために、サプライヤーには顧客がついていると説明し、顧客にはサプライヤーが決まっていると伝えるのも一つの方法だ。こういうやり方をすれば、あるステークホルダーは、他のステークホルダーもすでにその事業に関与していると思って、リスクの負担に応じてくれる。彼らは、自分たちの関与は実際よりもリスクが少ないと感じる[15]。一般に、起業家が経営資源を確保しようとするとき、サプライヤーや顧客にこういう方法で話を持ちかけたほうが、彼らにリスクを負担してもらいやすい。

[14][15] 前掲書→[2]

最後に、成功する起業家は、ステークホルダーにその関与を次第に拡大してもらうような手段を講じる。最初に少しの関与を求めたあと、各ステークホルダーにその関与を少しずつ増やしてもらって、目標に達するまでこれをつづけるのである。ステークホルダーは、一時期にすべての関与を迫られれば拒否したかもしれないが、一回に要求されるのはわずかな増加にすぎないため、抵抗なしに同意してしまう[16]。一般に、経営資源をステークホルダーから確保する場合、彼らの関与を段階的に増やしていってリスクを負担してもらうのが、一番成功する方法のようだ。

[16] 前掲書→[2]

STOP

1 利益を分かち合い、契約を守り、献身的姿勢を崩さないようにすることなく、ステークホルダーにリスクの負担を説得しようとしてはいけない。

2 顧客とサプライヤーに別々に話を持ちかけてはいけない。同時に行うべきである。

まとめ

第10の鉄則　リスクと不確実性に対処する

第10の鉄則では、ベンチャー企業は、技術やマーケット、競争上の不確実性に直面するため、そうしたリスクへの対応が必要なことを説明した。追加情報がないかどうかを調査し、投資を最小限に抑え、柔軟性を保つことによって、新事業のリスクを軽減できる。また、リスクへの対応に優れている関係者や、リスクを求める当事者に、リスクを負担してもらうことも可能である。これには、分散投資を行う投資家やリスクへの対応に優れた経験豊かな、あるいは専門化したステークホルダーへのリスクの転嫁、リスクの低い活動に従事している相手先やリスクを求める関係者へのリスクの転嫁などの方法がある。また、ベンチャー企業の活動に正当性を加味して、リスクに対応する方法もある。これには、体制を代表する人たちからのお墨付きの取得、社会的に確立された規則や規範の順守、企業団体活動への参加などの手段がある。

成功する起業家がビジネスチャンスの価値を見きわめるため使うツールが、リアルオプションとシナリオ分析の二つである。不確実な状況下で間違いのない意思決定をする際に役立つのがリアルオプションだ。これは、本当にわからないことについては無理な評価を求めず、順を追って段階的に評価していく手法である。シナリオ分析は、点推定ではなく、ある範囲のなかで評価を行い、変動する要因の関係のなかで何が想定条件として重要なのかを発見する方法である。いずれも、意思決定の間違いをなくすのに役立つ。

成功する起業家は、ベンチャー企業のリスクのある程度をステークホルダーに納得して負担してもらう。彼らは説得のために、自分には成功の素質があることを誇示したり、顧客とサプライヤーに同時に話をもちかけたり、ステークホルダーの関与を段階的に拡大したりする。

自己診断

1. あなたの新事業に内在するリスクを軽減するために、何ができるか。
2. あなたよりうまくリスク対応ができる人にリスクを転嫁するために、何ができるか。
3. あなたの新事業に対して他人が抱くリスクの認識を和らげるために、何ができるか。
4. リスクへの対処に役立つ方法で、投資の意思決定を分析するには、どうすればよいか。
5. あなたの新事業のリスクのある程度を、ステークホルダーに納得して負担してもらうためには、何ができるか。

結び

本書は、成功するハイテク企業の基礎となる事業構想を練るために守るべき〈10の鉄則〉を紹介した。これらの鉄則を確実に実行できるよう、重要ポイントを以下にまとめたので、折りにふれて参照していただきたい。

第1の鉄則　有利な産業を選ぶ

有利な産業を選んで事業をスタートさせれば、成功のチャンスが広がる。テクノロジー起業家にとって有利な産業とは、次のような特徴を備えている。

- 若く、支配的デザインに収斂していない
- 製造プロセスが単純である
- 新しい知識がまだ高度な水準に達していない
- イノベーションがバリューチェーンの外部、たとえば大学の研究機関などで発生している
- マーケティングや流通における補完的資産の重要性が低い
- 市場が大きく、成長性があり、細分化されている
- 製造プロセスが資本集約的でなく、広告集約的でもない

- 製造活動が少数の企業に集中していない
- 企業の平均規模が小さい

第2の鉄則　価値あるビジネスチャンスを発見する

価値あるビジネスチャンスを発見できれば、成功の確率が高まる。ビジネスチャンスを発見するには、次のような変化に着目しなければならない。

- テクノロジーの変化
- 政策や規制の変化
- 社会や人口動態の変化
- 産業構造の変化

また、起業家は、ビジネスチャンスが顕在化する形を理解しなくてはならない。そして、そのビジネスチャンスとイノベーションのタイプを一致させなければならない。さらに、イノベーションの連鎖のどこで変化が発生するかを特定し、いかにビジネスチャンスを発見するかを十分理解しておく必要がある。

第3の鉄則　テクノロジーの進化を制する

テクノロジーの進化のパターンを理解すれば、成功の確率が高まる。これは、次のようなことを意味する。

- テクノロジーのS曲線の変化における、ベンチャー企業の役割を理解する
- 支配的デザインの意味を理解し、それが業界内におけるベンチャー企業と既存企業の競争にどのような影響を及ぼすかを把握する
- テクノロジーの進化における技術標準の役割を理解する
- 収穫逓増ビジネスと収穫逓減ビジネスの発展の違いに対応する

第4の鉄則　本当の市場ニーズを発見し、それを満たす

市場の本当のニーズを発見し、これを満たすことができれば、成功の確立は高まる。そのためには、次のことを実践すべきである。

- フォーカスグループやアンケートのような手法に頼らず、効果的に顧客の嗜好を見きわめ

て、新しい製品やサービスに反映させる

- 競合他社より安く、また優れた方法で顧客を満足させる
- 対面販売を行い、適切な価格設定をする

第5の鉄則　購入者の意志決定と、市場の力学を理解する

購入者の意志決定と市場の力学を理解して、うまく対応すれば成功の確率は高まる。そのためには、次のことを実践すべきである。

- 時間とともにS字型の曲線を描く購入者の意志決定のパターンを理解する
- 市場のマジョリティの顧客ニーズに合わせる
- 市場のマジョリティを狙うタイミングを間違えない
- 市場の力学を理解し、市場を動的に捉える
- テクノロジーの普及と代替を理解する

第6の鉄則　既存企業の弱みにつけ込む

既存企業の強さに真っ向から挑戦するより、その弱みにつけ込むほうが、成功する確立が高い。既存企業は、次の点で優位性を持っており、ベンチャー企業は太刀打ちできない。

- 学習曲線
- 評判効果
- キャッシュフロー
- 規模の経済
- マーケティングや製造の補完的資産

しかし、既存企業には、次のような弱点があるので、ベンチャー企業はこれにつけこむべきである。

- 既存の事業の効率性の追求
- 既存の能力の活用による価値の創造の重視
- 既存の顧客の声の尊重

- 意思疎通と情報の流れを制約する既存の組織構造
- 従業員に現在の仕事の業績に応じた報償をする必要性
- 現行の操業を管理する官僚的制度

また、確実性があり、複合的で、単一目的の、物的資本を主体とするテクノロジーより、不確実性が高く、独立していて、汎用性のある、人的資本を主体にしたテクノロジーを開発するほうが、成功する確率が高まる。

第7の鉄則　知的財産を管理する

新しい製品やサービスの模倣は、既存の大手企業にとって朝飯前だ。模倣を阻止できれば、成功のチャンスは広がる。模倣の阻止には、秘密主義と特許という二つの選択肢がある。秘密主義が非常に有効なのは、次のような場合である。

- 起業家のほかに情報源が少ない
- 製品やサービスが複雑である
- 新しい製品やサービスを模倣できる知識を持つ人が限られている

●製品やサービスを生産する知識が文書化されていない
●製品やサービスを生産するプロセスが複雑で習得が困難である

特許は、競合他社が模倣する前に、新しい製品の製造と流通に必要なバリューチェーンを築くことができる重要なツールである。しかし、特許には次のような限界がある。

●特許を取得できる製品やサービスの種類が限られている
●新しい製品が、以前の技術に比べて著しく改良されている必要がある
●一件の特許だけでは有効でない
●特許の取得は高価である
●特許の保護の力は必ずしも強くない
●発明内容を開示せざるをえなくなる
●特許の回避が容易で、効果がそれほど強くない産業が多い

第8の鉄則　イノベーションの利益を専有する

模倣を防ぐには、秘密主義や特許以外にも次のような方法があり、これらを活用することで

成功の確率が高まる。

- 資源を支配する
- ブランドを確立する
- 学習曲線を活用する
- 先発企業の優位性を構築する
- 製造やマーケティングにおける補完的資産を支配する

資源の支配が非常に有効なのは、製造プロセスにボトルネックがあって、その資源が非常に重要、かつ入手困難になっている場合だ。起業家にとってよい評判の確立が有効なことは稀である。それは、広告の効果が出るのに時間がかかり、規模の経済に左右されるからだ。業界への初期の参入者で、経験から得られる知識を独占できれば、学習曲線の利用は非常に効果的である。ネットワーク外部性がある場合や、実際の、あるいは心理的な乗り換え費用が高い場合、先発企業の優位性が有効になる。特許の力が弱い場合や、支配的デザインで収束した業界では、補完的資産の活用が有効になる。しかし、この戦略が起業家に有利に働くことはほとんどない。創業時に起業家が補完的資産を完備していることは稀で、またこうした資産は専門的に特化していることが多いため、外部委託によって支配することは難しいからである。

第9の鉄則　最適な事業体制をとる

バリューチェーンのすべてを自社で保有する必要はなく、事業体制をビジネスチャンスの種類に合わせることができれば、成功の確率は高まる。次のような場合は、ライセンスの供与、フランチャイズ制の採用、戦略的提携など、契約による事業体制を構築すべきである。

- 資本集約的な事業である
- 早期に市場参入する必要がある
- 自力で機会を追求する能力を欠いている
- テクノロジーが文書化された知識に基づく独立したもので、技術標準に従っており、専門的な補完的資産を必要としない
- 従業員による逆選択や責任逃れなど、情報上の問題が蔓延している

第10の鉄則　リスクと不確実性に対処する

ベンチャー企業が直面するリスクを軽減できれば、成功の確率が高まる。リスクを軽減する

には、次のことを実践すべきである。

- できるかぎりの調査を行う
- 投資額を最小限にとどめる
- 柔軟性を保つ

また、次のような者はリスクを求めており、うまく管理することができるため、自分のリスクを転嫁することができる。

- 分散投資を行う投資家
- ファクタリング会社のような、専門分野に特化していてリスクを求める者
- 能力に余力があり、自分よりもリスクの少ない者
- 進んでリスクを引き受けるエンジェルのようなステークホルダー

さらに、次のような方法によって、リスクそのものではなく、リスクに対する認識を減らすことができる。

- 体制を代表する人たちからのお墨付きの取得

●社会的に確立された規則や規範の順守
●企業団体活動への参加

最後に、リアルオプションとシナリオ分析という、ビジネスチャンスの価値を判断するための財務的ツールを利用すれば、さらに成功の確率が高まる。

最後に

米国では毎年、おびただしい数の人がハイテク企業を設立するが、成功する人はごく少数にすぎない。創業者たちの大多数は、その努力にもかかわらず事業に失敗している。その一方で、毎年、ハイテク企業を発足させて大きく成功し、上場にまで漕ぎ着けて、自分だけでなく、その新事業に関与した多くの人々にも巨万の富をもたらす人も何人かいる。大成功を収める確率はそれほど高くはない。だからといって、起業家が無力で、少数の成功物語の主人公へ仲間入りするチャンスを高める方法がないというわけではない。

本書では、成功する起業家を優秀なプロのギャンブラーにたとえて説明した。胴元に不利なゲームが何かを知っていて、そのゲームの規則をよく理解していれば、勝つチャンスは非常に大きくなる。本書で述べた〈10の鉄則〉に従えば、肥沃な土地、すなわちハイテク分野のベンチャー企業の発展を促進するまたとないビジネスチャンスを発見する一助となるだろう。本書に盛り込まれた情報は成功を保証するものではないが、成功の確率を劇的に高めるものである。

これで、テクノロジー起業家としてゲームに勝つための鉄則をマスターしていただけたと思う。プレーの準備は整った。幸運を祈る。

ウォートン経営戦略シリーズ刊行にあたって

情報は一瞬にして世界を駆け巡る。ビジネス環境は急速に、そして刻一刻と変化している。ビジネスリーダーは、タイムリーに変化に対応し、新しい取り組みを実践し、成果として実現させなければならない。この成否は第一義的にビジネスアイデアの優劣に大きく依存している。

ペンシルバニア大学ウォートンスクールは米国で有数のビジネススクールであり、二〇〇四年にピアソンエデュケーションと共同でウォートンスクールパブリッシングを立ち上げた。世界的な研究者が執筆し、ウォートンスクール教授陣のレビューを経て、優れたビジネスアイデアを有する実践的なビジネス書として刊行している。

ウォートン経営戦略シリーズは、ウォートンスクールパブリッシングの発行するビジネス書のなかから、「理論に裏打ちされながらも実践的であること」「事例に基づき信頼性の高いこと」「日本のビジネスリーダーにとって有意義であること」などの基準によって選出し、日本の読者に提供する。本シリーズが、日本のビジネスリーダーの知見を深め、変革を達成する一助となり、経済全体および社会全体の発展に貢献できれば幸甚である。

スカイライト コンサルティング株式会社　代表取締役　羽物俊樹

著者

スコット・A・シェーン
Scott A. Shane

ケース・ウェスタン・リザーブ大学　SBC経済学教授、ロンドン大学インペリアルカレッジ客員教授。ペンシルバニア大学ウォートン・スクールにて経営学博士号を取得後、MITスローンスクール、ジョージア工科大学、メリーランド州立大学などで教鞭をとり、現職。

「Management Science」誌「技術イノベーション、製品開発、アントレプレナーシップ」セクション編集員、「Journal of Business Venturing」誌　共同編集員。

ハイテク産業を中心に、(1) 起業家による事業機会の発見、経営資源の結合、組織の設計、(2) 大学発ベンチャーと技術移転、(3) フランチャイズビジネスなどを研究。さまざまな規模の企業に対するコンサルティングに加え、米国、ノルウェー、ポーランド、ニュージーランドにおいて経営者向け教育プログラムを実施。2001年米国経営学会最優秀論文賞を受賞。

e-mail: Sas46@cwru.edu

監修者、訳者

スカイライト コンサルティング株式会社

経営情報の活用、業務改革の推進、IT活用、新規事業の立上げなどを支援するコンサルティング企業。経営情報の可視化とプロジェクト推進力を強みとしており、顧客との信頼関係のもと、機動的かつきめ細かな支援を提供することで知られる。顧客企業は一部上場企業からベンチャー企業まで多岐に渡り、製造、流通・小売、情報通信、金融・保険、官公庁などの幅広い分野で多数のプロジェクトを成功に導いている。

http://www.skylight.co.jp/

矢野陽一朗
Yano, Yoichiro

慶應義塾大学経済学部卒業。外資系コンサルティング会社でマネジャーとして活躍後、スカイライト コンサルティング株式会社を設立、取締役に就任し現在に至る。

専門はテクノロジー分野の新規事業に関する調査、企画、立案および立上げ支援。情報通信業、金融・保険業、流通業などの分野において、コンサルティング実績多数。

● 英治出版からのお知らせ

本書に関するご意見・ご感想を E-mail（editor@eijipress.co.jp）で受け付けています。
また、英治出版ではメールマガジン、ブログ、ツイッター、フェイスブックなどで新刊情報やイベント情報を配信しております。ぜひ一度、アクセスしてみてください。

メールマガジン：会員登録はホームページにて
ブログ　：www.eijipress.co.jp/blog/
ツイッター ID　：@eijipress
フェイスブック：www.facebook.com/eijipress

プロフェッショナル・アントレプレナー
成長するビジネスチャンスの探求と事業の創造

発行日	2005年　9月　7日　第1版　第1刷
	2013年　12月15日　第1版　第3刷
著者	スコット・A・シェーン
訳者	スカイライト コンサルティング株式会社
発行人	原田英治
発行	英治出版株式会社
	〒150-0022 東京都渋谷区恵比寿南 1-9-12 ピトレスクビル 4F
	電話　03-5773-0193　　FAX　03-5773-0194
	http://www.eijipress.co.jp/
プロデューサー	高野達成
スタッフ	原田涼子　岩田大志　藤竹賢一郎　山下智也
	杉崎真名　鈴木美穂　下田理　原口さとみ
	山本有子　中野瞳　茂木香琳　田中三枝
印刷・製本	Eiji 21, Inc., Korea
装丁	重原隆
編集協力	大島美和　阿部由美子　和田文夫

ISBN978-4-901234-72-2　C0034　Printed in Korea

1

ウォートン経営戦略シリーズ、第１弾
世界最大の成長市場「BOP」を狙え！

ネクスト・マーケット
［増補改訂版］

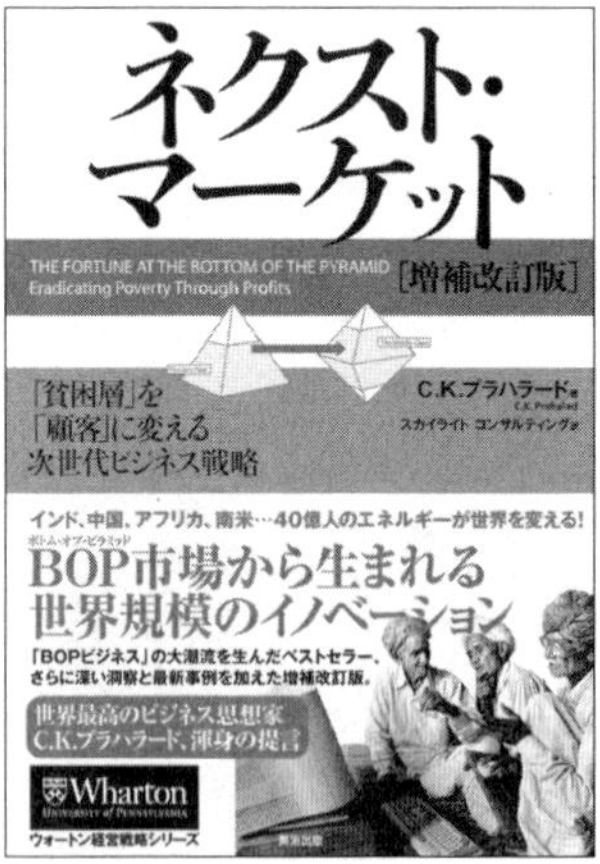

世界 40 ～ 50 億人の貧困層＝ボトム・オブ・ザ・ピラミッド（BOP）は、企業が適切なマーケティングと商品・サービスの提供を行えば、世界最大の成長市場に変わる！ BOP 市場の巨大な可能性と「ビジネスを通じた貧困削減」の希望を示して全世界に絶大な影響を与えたベストセラーの増補改訂版。骨太の理論と豊富なケーススタディを通して、動き始めた巨大市場の実状とビジネスの未来が見えてくる。

C・K・プラハラード著／スカイライト コンサルティング訳
定価：本体 3,200 円＋税　本文 680 頁

2

ウォートン経営戦略シリーズ第 2 弾
起業の成功確率を劇的に高める〈10 の鉄則〉!

プロフェッショナル・アントレプレナー

毎年、おびただしい数の人が起業するが、多くは失敗に終わる。しかし、プロのベンチャー投資家や起業家たちは、一連の「鉄則」にしたがって行動し、成功の確率を飛躍的に高めている。本書は、過去のデータや学術研究にもとづき、成功する起業家に見られる行動様式を「10 の鉄則」として紹介する。

スコット・A・シェーン著／スカイライト コンサルティング訳
定価：本体 1,900 円+税　本文 288 頁

3

ウォートン経営戦略シリーズ　第 3 弾
財務とマーケティングを融合し、経営を革新する！

顧客投資マネジメント

その投資は、効果に見合っているだろうか？　マーケティングの効果は見えづらく、M&A での買収価格や企業価値を適切に評価することは容易ではない。本書は、マーケティングと財務の双方の視点を融合して「顧客価値」を測定する、シンプルかつ実践的な手法を紹介。経営の意思決定に強力な指針を提供する。

スニル・グプタ、ドナルド・R・レーマン 著／スカイライト コンサルティング訳
定価：本体 1,900 円＋税　本文 256 頁